L'ASSEMBLÉE
DES
ÉTATS DE LA HAUTE-AUVERGNE

EN 1649

PAR

René DE RIBIER

Ancien Conseiller général du Cantal

PARIS
H. CHAMPION, Éditeur
Quai Voltaire, 9

AURILLAC
E. BANCHAREL, Imprimeur
Rue Marie Maurel.

MDCCCIV

L'ASSEMBLÉE

DES

ÉTATS DE LA HAUTE-AUVERGNE

En 1649

L'ASSEMBLÉE

DES

ÉTATS DE LA HAUTE-AUVERGNE

EN 1649

PAR

René DE RIBIER

Ancien Conseiller général du Cantal

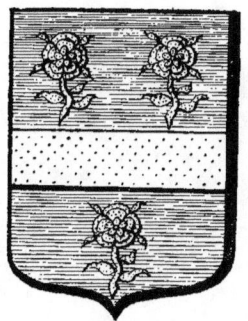

PARIS   AURILLAC

H. CHAMPION, Éditeur   E. BANCHAREL, Imprimeur
Quai Voltaire, 9   Rue Marie Maurel.

M D CCCC IV

L'ASSEMBLÉE

DES

Etats particuliers de la Haute=Auvergne

EN 1649

On sait que, sous l'ancien régime, la France était divisée au point de vue administratif et financier en pays d'États et en pays d'Élections.

Tandis que dans les pays d'États les impôts devaient être votés et répartis par les représentants des trois Ordres; dans les pays d'Élections au contraire, ils étaient assis et répartis par les agents du pouvoir central ; mais cette distinction était plus théorique que réelle, car en fait la Royauté s'attacha de tout temps à neutraliser l'action des États provinciaux, dont l'origine ne remonte guère au-delà du xive siècle, à paralyser leur initiative et même à en réduire le nombre petit à petit.

Bien que l'Auvergne appartînt à la seconde catégorie, elle n'en possédait pas moins des États particuliers, distincts pour chaque partie de cette province — Haute et Basse —, qui se réunissaient dans les grandes occasions à Clermont-Ferrand en une seule et même assemblée. Lorsqu'il s'agissait au contraire de dépenses locales, d'intérêts particuliers, chaque contrée était convoquée dans sa capitale : le Bas Pays à Clermont, le Haut-Pays à Saint-Flour ou à Aurillac[1]. C'est ce dernier mode de réunion qui se pratiquait d'ordinaire pour chacune des deux assemblées chargée d'élire ses députés respectifs aux États-Généraux. Les archives municipales de la ville de Clermont ont conservé de nombreux registres des délibérations des États de la Basse-Auvergne; celles de Saint-Flour et

---

1. BERGIER. *Recherches historiques sur les anciens États provinciaux d'Auvergne*, p. 18. Clermont. 1788, in-8.

d'Aurillac possèdent à peine quelques épaves insignifiantes au point de vue historique et documentaire. Il nous avait été pourtant signalé un registre des délibérations des États de la Haute-Auvergne, dont nous n'avons pu encore retrouver la trace ; peut-être nous tombera-t-il un jour sous la main !

Nous nous contenterons, en attendant, de publier le procès-verbal de l'assemblée des États particuliers de cette province tenue à Aurillac en 1649, que nous ferons précéder et suivre de divers documents explicatifs ou complémentaires.

Cette étude sera divisée en cinq parties :

La *première* contiendra l'historique des péripéties que subit de 1649 à 1652 le projet de réunion des États-Généraux sous la Fronde.

La *seconde* sera réservée à la reproduction textuelle du procès-verbal de ladite assemblée, dressé les 19 et 27 février 1649, par Jean de Lort, lieutenant général au présidial d'Aurillac.

La *troisième* et la *quatrième* formeront une sorte d'appendice, dans lequel nous donnerons comme pièces justificatives l'ordonnance Royale de convocation du 20 janvier 1649, et une lettre du commandeur d'Estaing à son frère, Monseigneur Joachim d'Estaing, évêque de Clermont, du 12 avril 1649, relative aux États du Rouergue.

Enfin nous consacrerons la *cinquième* à une notice généalogique sur la famille de Lort de Saint-Étienne.

RIBIER.

Juillet 1904.

I

Historique des péripéties que subit, de 1649 a 1652, le projet
de réunion des États Généraux sous la Fronde

En 1649, la Fronde faillit avoir ses États-Généraux, de même
que la Ligue eut les siens en 1576, 1588 et 1593. Les Princes
s'étaient emparés de ce grand mot comme d'un talisman populaire afin de se rallier les sympathies de la foule hésitante et
de contrebalancer le prestige toujours considérable de l'autorité royale. C'était, en effet, une sorte de panacée à laquelle la
Monarchie avait eu recours dans les circonstances critiques,
et notamment en 1302, 1308 et 1314 sous Philippe-le-Bel, en
1338 sous Philippe de Valois, en 1355, 1356 et 1357 sous Jean
le Bon, en 1457 sous Louis XI, en 1484 sous Charles VIII, en
1506 sous Louis XII, en 1558 sous Henri II, en 1560 sous
Charles IX et en 1614 sous Louis XIII. Si les États du 14 octobre 1614 — les derniers tenus avant ceux de 1789 — n'eurent
pas de résultats directs et immédiats, ils préparèrent du
moins l'avènement de Richelieu en mettant en vedette ce
jeune prélat, à peine âgé de trente ans, dont le rapport, comme
membre du clergé, fit sensation.

Nous ne nous attarderons pas au récit des événements qui
troublèrent les premières années de la régence d'Anne d'Autriche ; notre sujet nous transporte d'emblée et sans préliminaires vers la fin de l'année 1648, à la déclaration du 24 octobre,
qui consacrait la victoire du Parlement sur le Pouvoir Royal.
La Régente n'était pas femme à subir longtemps une pareille
humiliation ; aussi la voyons-nous se rapprocher aussitôt du
prince de Condé, dont la bataille de Lens venait de consacrer
la brillante réputation militaire, afin de prendre sa revanche
contre la Fronde parlementaire, maîtresse de la capitale.

Dans la nuit du 5 au 6 janvier 1649, elle s'échappa de Paris
avec le jeune Roi et son frère, pour aller s'installer au château
de Saint-Germain, où la plupart des princes du sang la suivirent. Mais la Fronde s'était déjà répandue en province
comme une traînée de poudre et l'attitude des grands sei-

gneurs commençait à devenir au moins douteuse, sinon ouvertement hostile. Il fallait tout à la fois frapper les imaginations et enlever aux opposants le mérite d'avoir provoqué les premiers la tenue des Etats-Généraux ; aussi, dès le 15 janvier, Mazarin écrivait-il à Servien [1] et à Chanut [2] qu'on allait les convoquer, mais avec la secrète pensée de les faire avorter. Les événements qui se produisirent pendant les deux années suivantes suffiraient à prouver que telle était bien alors la politique de cet esprit rusé et ondoyant, s'il n'avait pris soin lui-même de le révéler quelques mois plus tard dans la lettre qu'il adressa de Bouillon à M. de Lyonne [3], le 14 mars 1651, lettre que nous reproduisons ci-après.

La convocation avait d'abord été faite à Rouen ; mais cette ville ayant secoué l'autorité royale et refusé de recevoir le comte d'Harcourt [4], Orléans lui fut substitué [5]. L'ordonnance royale du 20 janvier 1649 développe longuement les considérations politiques et autres qui paraissaient motiver cette mesure : Nous la donnons *in extenso*, comme pièce justificative au chapitre III.

Il était tout naturel de suivre en 1649, en ce qui concerne la procédure, le cérémonial et l'appareil des mesures préparatoires, les usages adoptés de temps immémorial pour la réunion des Etats-Généraux, que nous résumons en quelques lignes [6] :

Les lettres de convocation des assemblées particulières étaient adressées aux baillis et sénéchaux ou à leurs lieute-

---

1. Servien (Abel), marquis de Sablé et de Boisdauphin, comte de la Roche-Servien, célèbre diplomate, né à Grenoble en 1593, mort au château de Meudon le 17 février 1659, ministre d'Etat le 24 avril 1649, surintendant des finances avec Fouquet le 8 février 1653.
2. Chanut (Pierre), né à Paris le 22 février 1601, décédé à Livry, près Melun, le 3 juillet 1662, appartenait à une famille d'origine auvergnate. Il fut tour-à-tour trésorier des finances à Riom, ambassadeur en Suède, conseiller d'Etat, directeur des finances, ambassadeur en Hollande. Le Dr L. de Ribier a publié dans la *Revue de la Haute-Auvergne* (1899-1900), une notice historique sur ce diplomate.
3. Lyonne ou Lionne (Hugues de), marquis de Berny, né en 1611 à Grenoble, décédé le 1er septembre 1671, négocia le mariage de Louis XIV avec l'Infante Marie-Thérèze.
4. Harcourt (Henri de Lorraine comte d'), fils de Charles de Lorraine, duc d'Elbœuf et de Marguerite de Chabot, comtesse de Charny, né le 20 mars 1601, décédé le 25 juillet 1666.
5. G. Picot. *Les Etats Généraux*, T. V. p. 274. Appendice B.
6. Lalourcé et Duval, T. 1er, p. 14, Paris 1789, 16 vol. in-8*

nants. Si les gouverneurs des provinces en ont reçu quelquefois communication, ce n'est qu'avec l'ordre de les faire parvenir aux baillis. Ces lettres, qu'on appelait indifféremment *lettres patentes, lettres de cachet, mandements* ou *commissions*, n'étaient jamais revêtues du grand sceau.

Le nombre des députés de chaque ordre était en quelque sorte laissé à l'appréciation de l'assemblée, contrairement à l'ordonnance royale ci-dessus qui la limite à un pour chaque catégorie ; mais les députés devaient être nommés « avec amples instructions et pouvoirs suffisans ».

En vue de la convocation, les baillis adressaient des lettres à leurs lieutenants et décernaient des commissions. Injonction était faite par eux aux trois Ordres de leurs ressorts, — Ecclésiastiques, Nobles et gens du Tiers — : aux deux premiers de se rendre et au troisième d'envoyer députés au baillage pour l'assemblée qui devait s'y tenir à jour fixé, avec ordre aux habitants de chaque paroisse de s'assembler pour nommer leurs délégués. Les convocations étaient en outre annoncées aux prônes. Faute par les convoqués de se rendre à la réunion, défaut était donné contre ceux des trois Ordres qui ne justifiaient pas d'excuses ou *exoines* valables. La peine prononcée contre les ecclésiastiques était la saisie de leur temporel ; on statuait à l'égard des autres suivant la rigueur des édits et ordonnances.

Les assignations étaient portées :

1º Pour les Ecclésiastiques, ès-maisons principales de leurs bénéfices,

2º Pour les Nobles, en leurs maisons seigneuriales ou à leurs procureurs fiscaux,

3º Pour le Tiers, en la personne des procureurs syndics et fabriciens des paroisses.

L'ordre du Clergé était composé de l'évêque, des députés des différentes communautés ecclésiastiques, chapitres, abbayes et de tous les curés du ressort.

L'ordre de la Noblesse, de toutes les personnes possédant fiefs et biens nobles dans l'étendue du baillage.

Et l'ordre du Tiers des députés des communautés d'habitants, tant de ce que l'on appelait le *Plat-Pays* que des *Bonnes Villes*[1].

---

1. Dans le principe les *Bonnes villes*. — c'est-à-dire les villes *closes*, qui, avec leur municipalité, avaient aussi leur milice, — étaient seules convoquées

Mazarin, qui comprenait l'avantage de la convocation des États-Généraux, ne se souciait pas d'en hâter la réunion ; aussi fut-elle ajournée d'abord à un mois, puis au premier octobre. Enfin, avant l'expiration de ce délai, intervinrent à la date du 18 décembre des lettres royales la prorogeant jusqu'à nouvel ordre, sous prétexte de la guerre avec l'Espagne. L'anarchie qui régnait à Paris et dans les provinces allait s'accentuer encore par l'arrestation en plein Palais-Royal (18 janvier 1650) du prince de Condé, du prince de Conti et du duc de Longueville. A l'ancienne Fronde parlementaire on vit tout à coup succéder une Fronde nobiliaire, à la tête de laquelle marchaient la duchesse de Longueville et la princesse de Condé, le front ceint de la double auréole du dévouement conjugal et de la persécution.

Les conjurés tentèrent sans beaucoup de succès de soulever les provinces ; cependant Bordeaux consentit à ouvrir ses portes à la Princesse (31 mai 1650). L'armée royale l'y poursuivit et mit le siège devant la ville : tentative de blocus qui aboutit le 1er octobre à un accommodement, aux termes duquel la Princesse et ses amis furent compris dans l'amnistie accordée aux Bordelais. Mazarin libre de ce côté put concentrer ses efforts contre Turenne, allié à l'archiduc Léopold. La victoire de Rethel (15 décembre) le débarrassa de ce redoutable adversaire, sans diminuer l'opposition violente du Parlement, qui réclamait à grands cris la liberté des Princes. Aussi la rentrée du Cardinal à Paris, en janvier 1651, fut-elle le signal d'une nouvelle levée de boucliers, devant laquelle il s'inclina au moins en apparence ; mais ce ne fut qu'après bien des hésitations qu'il se décida à mettre la frontière entre lui et ses ennemis. Il avait cru politique de se rendre au préalable en personne au Havre pour ouvrir aux Princes les portes de leur prison. Tandis que ces derniers regagnaient triomphalement la capitale, Mazarin prenait tristement le chemin de l'exil, dont Bouillon et Brulh, près Cologne, furent les deux étapes douloureuses.

---

aux États de la province. Les villes sans défense, qui constituaient avec les agglomérations rurales le *Plat-Pays*, étaient de droit représentées par leurs seigneurs. La Haute-Auvergne ne comptait d'abord que six bonnes villes : Saint-Flour, Aurillac, Maurs, Mauriac, Salers et Chaudesaigues. Au milieu du xvie siècle ce nombre fut porté à dix par l'adjonction de Murat, Pierrefort, Marcolès, Pleaux et Saint-Amans (*Saint-Chamand*). Chaudesaigues n'y figure plus.

C'est sur ces entrefaites que la Noblesse s'assembla au couvent des Cordeliers pour demander la convocation des Etats-Généraux. La première séance eut lieu le 25 février et la dernière le 5 mars [1]. La question revint dès lors à l'ordre du jour et la Cour affecta de la prendre au sérieux. Mazarin, de sa retraite de Bouillon, surveillait les événements et suivait, avec sa perspicacité habituelle, tous les fils de la conjuration.

Je crois, écrivait-il à de Lyonne, à la date du 24 mars 1651, qu'il est bon de parler de convoquer les Estats Généraux, si cela est capable de faire prendre à M. le Duc d'Orléans et à M. le Prince une autre conduite; mais de les convoquer en effect, c'est ce que je ne saurois résoudre de conseiller; car asseurement les dicts princes, M. le prince de Conty, M. de Longueville et tous leurs amis et adhérents ont la plus grande partie des Gouvernements du Royaume et, par divers ressorts, grand crédit sur le reste, particulièrement avec les personnes qui ont envie de brouiller et qui n'ont pas bonne intention pour la Cour....
Les parlements pourroient bien prendre l'alarme des Estats..... et pour empêcher [leur] tenue se joindre à la Reine et prendre quelque résolution qui dans les conjonctures présentes fust honorable aux intérêts de Leurs Majestés [2].

Un intervalle de dix jours à peine sépare cette lettre de la réponse royale, faite à la déclaration de la Noblesse du 28 février 1651 :

24 mars 1651 [3].

Le Roy et la Reyne régente sa mère, ayant à la très humble supplication que M. le Duc d'Orléans et MM. les princes de Condé et de Conty ont faicte à LL. MM., trouvé bon de leur promettre et accorder que les Estats Généraux de ce Royaume, que sadite Maj. avoit ci devant ordonné estre convoquez par nouvelles lettres de sa dite Maj. portant ordre d'une nouvelle députation au 8 septembre prochain en la ville de Tours, sy mieux n'aiment ceux des trois Ordres assemblez pardevant leurs baillifs et sénéchaux continuer ceux qu'ils ont cy devant esleuz, Leurs Majestés désirant qu'un chacun soit pleinement informé de leur volonté

---

1. *Choix de Mazarinades*, publié par la Société de l'Histoire de France, T. II, pp. 230 et 232. — Consulter aussi le recueil de 13 pièces imprimées, conservées à la Bibl. de Clermont-Ferrand, sous le n° 3111, parmi lesquelles figure la harangue faite le 25 mars 1651 à Mgr le Duc d'Orléans, par Charles Robert de Lignerac, un des membres de l'assemblée.
2. Chéruel, T. IV, p. 73.
3. Arch. Nat. K. 676.

déterminée et de leurs bonnes et sincères intentions sur ce subject, ont bien voulu que M. le Duc d'Orléans et mesd. sieurs les Princes de Condé et de Conty pussent concourir avec elles dans la même fin, et à cet effect Leurs Majestés ont désiré qu'ils donnent toute assurance par escript à ceux de la Noblesse, de présent assemblés à Paris, de tenir la main de tout leur pouvoir à ce que les dites convocquations et assemblées des Estats se fassent incessamment et sans aucun délay aud. jour.

LOUIS.   ANNE.

PHELYPEAUX.   **DE GUENEGAUD.**
LE TELLIER.
DE LOMÉNIE.

Cette promesse resta lettre-morte comme les précédentes et fut suivie d'une communication adressée le 27 octobre 1652 à M. de Guitaut[1], par laquelle le Roi diffère encore l'ouverture des Etats-Généraux jusqu'au 1er février 1652 et fixe leur réunion dans la ville de Sens.

27 octobre 1651,

Mons' de Guitault,

L'espérance que j'avois eue il y a quelque temps de restablir sous peu le repos et la tranquilité en mon royaume, m'avoit fait prendre résolution de convoquer les Estats Généraux au 1er novembre prochain en la ville de Tours ; mais la continuation des mouvements passés ostant toute liberté aux députez de se pouvoir mettre en chemin avec seureté, j'ay estimé à propos de différer l'ouverture desdits Estats au 1er février de l'année prochaine 1652 et de les assembler en la ville de Sens tant pour la commodité des dits députez que pour ne pas m'esloigner de ma bonne ville de Paris, où j'ay esté receu depuis peu de jours avec une joye et une obéissance entière. Et tout en arrivant j'ay fait expédier un deuxième édit portant pardon général de tout ce qui s'est fait à l'occacion desd. événements.....

LOUIS.

PHELYPEAUX.

Le jeune Roi Louis XIV venait en effet de regagner sa capitale, qui lasse de toutes les intrigues soulevées par les Princes et le Parlement, lui avait fait un accueil enthousiaste. Grâce aux habiles manœuvres de Turenne, Condé avait dû

---

1. Arch. Nat. K. 676. — Pierre de Pechepeyrou, comte de Guitaut, capitaine des gardes de la Reine, était le frère aîné de Guillaume de Pechepeyrou-Guitaut, qui s'était attaché à la personne du prince de Condé.

s'éloigner en toute hâte vers le Nord, et le duc de Lorraine se résoudre à la trêve de Rueil, en attendant que le duc d'Orléans se résignât à quitter Paris le 21 octobre, veille de la rentrée de la Cour, pour se retirer au château de Saint-Germain, où il termina sa vie dans un effacement mérité.

La Fronde était définitivement écrasée et Mazarin restait désormais le chef incontesté et tout puissant du Gouvernement. Les ménagements ne s'imposaient plus à la politique du rusé Cardinal. Aussi l'échéance du 1er février 1652, fixée par la lettre à M. de Guitaut pour la réunion des États-Généraux, passa-t-elle inaperçue et le silence se fit jusqu'en 1789.

Après avoir raconté les péripéties diverses par lesquelles passa le projet de convocation des États-Généraux pendant les trois années qui s'écoulèrent du 20 janvier 1649 au 1er février 1652, date extrême de l'enterrement final, qu'il nous soit permis de revenir un peu en arrière pour préciser certains points de détail, particuliers à la Haute-Auvergne, qui n'ont pas trouvé leur place dans cet exposé général, auquel on nous reprochera peut-être d'avoir donné un développement trop considérable. Nous n'avons certes pas oublié qu'il s'agit ici surtout des États de la Haute-Auvergne convoqués à Aurillac, en 1649, pour la nomination de députés aux États-Généraux d'Orléans ; mais nous avons pensé que nos lecteurs nous sauraient gré d'apporter quelque lumière sur l'ensemble d'une situation restée confuse et de la dégager des épaisses ténèbres qui l'enveloppent encore. Les documents inédits ou peu connus, que nous avons recueillis çà et là, serviront de préface naturelle à une étude que le simple texte du procès-verbal eût réduite à une sèche et peu intéressante compilation.

Ce procès-verbal, qui n'a jamais été publié, était demeuré enfoui à la Bibliothèque Nationale dans le dossier *de Lort de Saint-Étienne*, produit devant Chérin, en février 1782 ; c'est une copie sur double feuille de papier, d'une écriture courante et régulière, sans signature et sans date ; mais assurément contemporaine du dépôt du dossier entre les mains de Chérin (1782)[1].

Le procès-verbal dont il s'agit fut dressé les 19 et 27 février 1649 par Jean de Lort, écuyer, conseiller du Roi dans ses

---

1. Bibl. Nat. Chérin, vol. 124, dossier 2586.

Conseils d'Etat et privé, lieutenant général au baillage et siège présidial d'Aurillac. Les membres de l'assemblée des Etats de la Haute-Auvergne, convoqués en vertu de la lettre de cachet de S. M. du 24 janvier précédent, y sont classés par prévôtés : Aurillac, Saint-Flour, Maurs et Mauriac, en suivant l'ordre hiérarchique ordinaire : Clergé, Noblesse et Tiers-Etat. Le Clergé est représenté par 26 membres, dont 8 pour Aurillac, 5 pour Saint-Flour, 7 pour Maurs et 6 pour Mauriac ; la Noblesse par 105 membres, dont 26 pour Aurillac, 18 pour Saint-Flour, 20 pour Maurs et 41 pour Mauriac, et le Tiers par les consuls des quatre villes chefs-lieux des dites prévôtés.

Le document que nous avons eu la bonne fortune de découvrir comble pour l'histoire du Haut-Pays une lacune regrettable ; car en dehors de lui, nous ne possédions rien ou presque rien sur cette assemblée ; c'est à peine si, indépendamment de la mention qui lui est consacrée dans les registres de délibérations des Hôtels de Ville d'Aurillac et de Saint-Flour, elle a été signalée en passant à l'attention des érudits, soit dans les notes du vice-bailli Paul de Lacarrière[1], soit dans les productions faites en 1666, devant M. de Fortia[2], soit enfin dans un mémoire de M. de Rangouze de La Bastide, du 7 février 1789[3].

Notre procès-verbal n'est malheureusement qu'une nomenclature contenant la liste des membres convoqués, sans distinction entre ceux qui ont comparu et ceux qui ont fait défaut. Conformément à l'ancien usage, les représentants du Clergé sont désignés par le titre de leurs bénéfices ecclésiastiques, ceux de la Noblesse par le nom de leurs fiefs et ceux du Tiers par la dénomination de Consuls de telle ou telle ville. En donnant au chapitre II la copie textuelle de ce procès-verbal

---

1. MARCELLIN BOUDET. *La Justice et la Police prévôtales en Haute-Auvergne*, p. 101.
2. Bibl. de Clermont-Ferrand, ms. 552, f° 273.
3. *Mémoire pour la ville et prévôté d'Aurillac lu à l'hôtel de ville le 7 février 1789* par M. de Rangouze de La Bastide, bailli d'épée et chevalier d'honneur au présidial d'Aurillac. Imprimerie d'Antoine Viallanes. — Jean-Joseph de Leygonie, dit le comte de Rangouze de La Bastide, né le 24 avril 1745 de François de Leygonie, trésorier de France à Riom, et de Marie-Cécile Delom de Lalaubie, était le frère de François de Leygonie de Pruns, né au château de Pruns, le 11 octobre 1754, maire d'Aurillac, député aux Etats-Généraux de 1789, marié : 1° à Thérèze de Fraissy et 2° à Geneviève de Leygonie, sa cousine germaine.

nous essayerons — et ce ne sera pas la partie la moins laborieuse de notre tâche — d'identifier les personnages par l'addition de leurs noms patronymiques et autant que possible de leur état civil ; nous reconstituerons de la sorte, au moins en ce qui concerne la Noblesse, le catalogue des gentilshommes du Haut-Pays au milieu du xviie siècle.

Il serait intéressant de savoir dans quelle condition d'indépendance et de liberté délibéra l'assemblée réunie à Aurillac, sous la pression des événements politiques dont nous avons esquissé le navrant tableau. A voir l'acharnement avec lequel les factions se disputaient à Paris le pouvoir, on peut se rendre compte de l'état des esprits en province et supputer la série d'intrigues et de manœuvres de toute sorte que les influences diverses n'hésitèrent pas à mettre au service de leurs ambitions et de leurs rancunes.

Nous trouvons la confirmation absolue de ces considérations générales dans une lettre inédite, adressée le 13 avril 1649, d'Aboul en Rouergue, par Messire Charles d'Estaing, seigneur de Cheylade, commandeur de Courbines et de Morlan, à Mgr Joachim d'Estaing, évêque de Clermont[1]. Ce personnage de marque, qui, par une coïncidence singulière, figure au nombre des membres de l'assemblée d'Aurillac, raconte par le menu à son frère les incidents multiples qui se produisirent aux États du Rouergue, réunis à la même époque à Villefranche, la pression que le duc d'Epernon tenta d'exercer sur eux et la fière réponse qui fut faite à M. de Cornusson, son porte-parole. En lisant cette lettre, que nous donnons *in extenso* au chapitre IV, on se croirait transporté à Aurillac, au moment où l'assemblée provinciale allait se constituer malgré l'abstention en masse de la prévôté de Saint-Flour. On devine l'émotion extraordinaire que provoqua un pareil incident qui, bien que prévu, empruntait à la gravité des circonstances un caractère exceptionnel.

Les Saint-Florins ne s'étaient pas, en effet, contentés de dissimuler leur mécontentement sous la forme d'une protestation muette. Dès le 19 février 1649, ils avaient résolu, dans une délibération de l'hôtel de ville, « d'assembler à Saint-Flour « les trois Ordres de la province et député le greffier secré-

---

1. Arch. du P. de D., *Evêché*, liasse 25, cote 40.

« taire [Béraud] pour notifier aux villes des prévôtés les man-
« dements de ladite assemblée »¹.

Par une autre délibération du 3 mars suivant, « ils prièrent
« Mgr de Saint-Flour, d'agréer que l'assemblée de la pro-
« vince, convoquée au 5 mars, fût tenue au palais épiscopal,
« et ils nommèrent en même temps quatre conseillers de l'hô-
« tel de ville pour assister, avec les consuls, à la susdite as-
« semblée chargée de choisir les députés à l'assemblée géné-
« rale »².

Les registres de délibération de l'Hôtel de Ville d'Aurillac
nous fournissent d'intéressants détails sur la correspondance
échangée à ce sujet entre les consuls de cette ville et le bailli
particulier de Saint-Flour, ainsi que sur les démarches et les
résolutions qui en furent la conséquence.

Le 23 février 1649, le sieur de Cambefort, 1ᵉʳ consul d'Aurillac, convoqua le conseil de la ville pour lui faire part des prétentions du bailli de Saint-Flour, tendant à la réunion de l'assemblée des trois Ordres en cette dernière ville et pour lui demander des instructions :

« Sur quoy, d'un commun consentemant et deslibération, il fut résolu
par ledict Conseil que les dicts sieurs Consuls assisteront en l'assemblée
des trois estats qui se doibt tenir en cette ville, devant ledit Sʳ de Lort
comme lieutenant général de la province. »³

Le lundi, 1ᵉʳ mars, nouvelle réunion à l'Hôtel de Ville d'Aurillac, où il a été représenté par ledit Sʳ de Cambefort⁴ :

« Que despuis la dernière assemblée tenue en cette maison consulaire,
un nommé Dubois, soy disant secrétaire de la maison de ville de Saint-
Flour, luy a faict faire un acte par un nommé Montjou, notaire du lieu
de Vic, par laquelle les Sʳˢ consuls de la ville de Saint-Flour leur fai-
soient signiffier aux Sʳˢ consuls de cette ville, comme ils étoient en

---

1 et 2. *Inv. munic. de Saint-Flour*. Reg. de délibérations de l'Hôtel de
Ville. Chap. V, art. 6º, nº 141.

3 et 4. Reg. des délibérations de l'Hôtel de Ville d'Aurillac, de 1641 à 1654,
pp. 235 à 236 et 238 à 239. (Arch. com. BB).

Nous devons les extraits de ces registres à l'obligeance du distingué secrétaire de la *Revue de la Haute-Auvergne*, M. Esquer, archiviste départemen-
tal. Qu'il trouve ici l'expression de notre profonde gratitude ! Nous remer-
cions également de leurs précieuses communications nos autres collègues
de la *Revue* et les divers correspondants qui ont bien voulu nous prêter leur
concours.

possession de faire convoquer les troys Estats de cette province audict Saint-Flour. Lequel Montjou ayant balhé une coppie dudict acte audict Sʳ de Cambefort, lui auroit dict qu'il atandroit une heure sa responce et pourtant à l'heure mesmes, led. Montjou s'en seroit enfuy sans atandre la dicte responce des dicts sieurs consuls et encores que led. Dubois estant monté à cheval, a balhé au valet de Canteloube, hoste chez lequel il estoit lotgé, un papier plié en forme de lettre missive et pryé le dict valet de le balhier aud. Sʳ de Cambefort, lequel papier ledit valet luy a randu, et l'ayant desplié, le dict sieur a recogneu que c'estoit une coppie de l'ordonnance randue par le sieur de Brugier, lieutenant au bailliage particulier dudict Saint-Flour, par laquelle est dict que ladicte assamblée des Estats se tiendroit audict Saint-Flour, le cinquiesme de ce moys, et parce que les consuls des villes et prévostés de Maurs et de Mauriac se doibvent treuver en cette ville pour assister en l'assemblée qui se doibt tenir en la présente maison affin de nommer ensemblement un député pour assister à la tenue des dicts Estats, le dict sieur de Cambefort a requis le dict conseil de vouloir deslibérer s'il et ses consorts doibvent obéir à l'ordonnance dudict Sʳ lieutenant général de St-Flour, et s'ils doibvent s'assambler avec les sieurs consuls des dictes villes et prévostés de Maurs et Mauriac pour nommer ensemblement ledict depputé et quel le dict conseil préthand que lesdicts Sʳˢ consuls nomment.

« Sur quoy, a esté résolu à la pluralité des voix, que lesdicts Sʳˢ consulz ne doibvent point aler audict Saint-Flour en personne, ny par procureur assister en l'assemblée des Estatz que ledict Sʳ Brugier lieutenant audict Saint-Flour préthand faire tenir, ains en l'assemblée desdicts Estats en ceste ville par devant ledict Sʳ de Lort, lieutenant général provincial. Et ce faict, doibvent lesdicts sieurs consuls s'assembler en la présente maison avec les sieurs consuls des villes et prévostés de Maurs et Mauriac pour ensemblement nommer un député du tiers-Estat pour s'en aler en la ville d'Orléans le quinziesme du présent, donnant pouvoir aux consuls de cette ville de nommer tel député qu'ils jugeront à propos pour le bien du peuple et parellement d'eslire telles personnes qu'ils adviseront pour dresser le corps des plaintes et doléances que led. depputé sera tenu de porter en l'assemblée génerale en ladicte ville d'Orléans. »

Ce n'était pas la première fois que la Cité de Saint-Geraud l'avait emporté sur la Ville Noire. M. de Rangouze, auquel nous devons la révélation de l'incident, énumère avec complaisance, au cours de son mémoire sus-visé, les cinq ou six occasions solennelles dans lesquelles, de 1512 à 1649, Aurillac avait été choisi de préférence à Saint-Flour comme lieu de réunion, soit des Etats particuliers de la province, soit des convocations de bans et arrière-bans [1].

Loin de nous la prétention de nous prononcer entre les deux cités rivales; mais il faut reconnaître en toute justice que le chauvinisme du chevalier d'honneur au présidial d'Aurillac le porte à exagérer singulièrement l'importance de ses découvertes historiques et que les cas isolés qu'il relate sont un maigre appoint à l'appui de sa thèse. La plupart des précédents et notamment le plus récent — celui de 1614 — militaient en faveur de Saint-Flour et en y ordonnant la réunion de l'assemblée générale des trois Etats de la Haute-Auvergne, le 22 mars 1789, le Gouvernement ne fit que consacrer une prérogative ancienne, justifiée par le rôle considérable que cette ville joua durant tout le moyen-âge.

Clermont et Riom dans la Basse-Auvergne se disputaient, comme Saint-Flour et Aurillac dans la Haute, la suprématie et le titre de capitale. La lettre du commandeur d'Estaing nous apprend qu'il en était de même en Rouergue entre Rodez et Villefranche. Que de flots d'encre firent couler ces rivalités séculaires! Que de procès-verbaux, de délibératoires, de paperasses de toute sorte elles provoquèrent! Mais nulle part la lutte ne fut aussi vive et aussi longue qu'entre Riom et Clermont; aujourd'hui encore l'accalmie n'est qu'apparente et les deux sœurs ennemies se regardent d'un œil jaloux et se rappellent avec émotion les péripéties de leurs conflits homériques.

L'abstention de la prévôté de Saint-Flour n'empêcha pas l'assemblée des Montagnes de remplir sa mission. Le procès-

---

1. Voici les précédents cités par M. de Rangouze :
29 avril 1522. Ban et arrière-ban convoqué à Aurillac par Me Rigaud d'Oreille, baron de Villeneuve, lequel se réunit le 16 mai suivant, sous la charge de Jean de Lévis, baron de Charlus.
27 juillet 1521. Convocation par Gabriel de Nozières, grand bailli.
24 décembre 1549. Etats particuliers de la Haute-Auvergne, assemblés à Aurillac : neuf députés nommés pour traiter avec le Roi sur le fait de la Gabelle.
5 mars 1569. Assemblée des prévôtés à Aurillac pour pourvoir à la défense du Haut-Pays.
15 septembre 1586. Assemblée générale à Aurillac des trois prévôtés tant pour elles que pour celle de Saint-Flour, étant empêchée de la maladie de la peste.
Les trois prévôtés Aurillac, Mauriac et Maurs s'assemblèrent à Aurillac pour réclamer contre une surtaxe de taille. — 23 juillet 1605, arrêt du Conseil d'Etat qui leur donne raison, malgré l'abstention de la prévôté de St-Flour.

verbal du Sr de Lort, daté des 19 et 27 février 1649, paraît devoir être plutôt considéré comme un procès-verbal de convocation, que comme le procès-verbal des décisions de cette assemblée. D'après notre érudit président M. Boudet[1], les Etats de la Haute-Auvergne se réunirent à Aurillac le 1er mars 1649 et l'assemblée dura trois jours. Nous apprenons d'un autre côté par les registres de délibération de l'Hôtel de Ville sus-mentionnés que le Tiers, réduit aux trois prévôtés d'Aurillac, Mauriac et Maurs, par suite de l'abstention de celle de Saint-Flour, siégea en corps le 2 dudit mois de mars à la maison consulaire pour y nommer ses députés. Il se conformait en cela à la tradition constante qui voulait que les trois Ordres procédassent séparément à cette opération. Nous ignorons dans quels locaux distincts délibérèrent l'Ordre du Clergé et celui de la Noblesse; mais ils durent certainement agir de même. Que sortit-il de ces délibérations ? S'il faut en croire la mention mise au bas du procès-verbal du Sr de Lort, il ne fut nommé que quatre députés : « l'évêque de Saint-Flour, le baron de Montancé, le s^r de Fraissy et le premier consul de la « ville (Aurillac) ». Les deux derniers étaient les représentants du Tiers, qui, outre Jean de Cambefort, premier consul, avaient tenu, par une délicatesse dont les Etats de la Basse-Auvergne nous fournissent maints exemples[2], à choisir en dehors de ses membres, Guillaume de Fraissy, conseiller et procureur du Roi[3]. L'évêque de Saint-Flour (Jacques de Montrouge) était le délégué du Clergé et le baron de Montancé (Georges de Naucaze), celui de la Noblesse.

M. de Rangouze ajoute à cette liste le lieutenant général de Lort lui-même. D'autre part, l'inventaire des productions faites en 1666 devant M. de Fortia[4] établit que François de

---

1. Boudet, *loc. cit.*, p. 101.
2. Bergier, *loc. cit.*, p. 71.
3. Jean de Cambefort et Guillaume de Fraissy appartenaient à deux vieilles familles bourgeoises. La première est encore honorablement représentée à Aurillac et la seconde, après y avoir fourni une longue lignée de consuls, conseillers du Roi et magistrats de toute sorte, s'est éteinte au xviiie siècle avec Antoine de Fraissy, sieur de La Ponétie, époux de Marguerite de Laroque-Sennezergues, dont l'unique descendante, Louise, dame de Veyrac, ne laissa que quatre filles, de son mariage avec Jean-François de Jugeals de Peyrat de Veilhan : Sophie, comtesse de Sélaiges, Pauline, dame de Bar. Joséphine, marquise de Léotoing d'Anjony et Augustine, baronne Higonet.
4. Bibl. de Clermont-Ferrand, ms. 551, f° 273.

Montvallat avait été nommé par ladite assemblée syndic et député de la Noblesse. Cette nomination résulte de la mention de deux pièces authentiques relatées dans les termes suivants :

« La première est un acte par lequel, suivant l'ordre de S. M., « les Etats de la province du Hault-Auvergne se sont assem- « blés pour desputter et nommer des sindictz pour les Estats « Généraux convoqués en la ville d'Orléans, datte du 6 mars « 1649, *signé* Béraud, secrétaire.

« La deuxième est l'acte capitulaire de la Noblesse du Hault- « Auvergne, par lequel Mre François de Montvallat auroit esté « nommé pour sindic et députté de la ditte Noblesse pour les « Estats, dud. jour 6 mars 1649, *signé* de Lort, secrétaire *(sic)*. »

Ces diverses rectifications éléveraient au moins à six le nombre des députés élus. Devons-nous accepter ce chiffre ? S'il n'était contredit que par le procès-verbal du Sr de Lort, nous inclinerions à l'admettre, bien qu'il soit en opposition avec les instructions formelles de la lettre de cachet du 24 janvier 1649, spécifiant qu'il ne serait nommé qu'un député par chacun des trois Ordres. Car, d'une part, la fin du procès-verbal qui se termine par un *et cœtera* paraît avoir été résumée et probablement écourtée, et il ne nous semble pas admissible *à priori*, d'autre part, que M. de Rangouze n'eût pas sous les yeux, sinon l'original, au moins une copie entière et authentique de la délibération dans laquelle il a puisé notamment la particularité relative à l'abstention en masse de la prévôté de Saint-Flour. Nous trouvons même dans le procès-verbal dudit de Lort un argument en faveur de notre opinion. Le fait seul de la nomination de quatre députés au lieu de trois constituait déjà une première infraction aux ordres du Roi, que l'adjonction de deux autres membres n'aggravait pas sensiblement et il prouve que la réunion d'Aurillac ne partageait pas les scrupules que Gras, premier échevin de Clermont, manifesta lors de la prorogation de 1651 pour repousser la nomination d'un député du Tiers par chaque bailliage de la Basse-Auvergne, « comme à l'exemple du reste de la France » [1].

Le moyen le plus simple de résoudre la difficulté que nous

---

1. BOUDET. *La Justice et la Police prévôtales en Haute-Auvergne*, p. 102, *en note*.

venons d'exposer est, ce nous semble, de donner d'abord le texte du résumé de la délibération du 2 mars 1649, tel qu'il nous a été conservé dans les registres de l'Hôtel de Ville d'Aurillac, sauf à tirer ensuite de la comparaison de ce texte avec les termes des deux délibérations de l'Hotel de Ville de Saint-Flour des 3 et 5 mars et de la mention reproduite par M. de Fortia, des déductions concluantes.

Mardi 2 mars 1649.
En la ville d'Aurillac, *principalle du hault pays d'Auvergne.*
Assemblée des consuls des 3 prévôtés.
Jean de Cambefort du Sérieys; Etienne de Croze et Pierre Vigier, *consuls d'Aurillac.*
Gabriel Danfabre, s^r de Gary et Raymond Verdier, bourgeois, *premier et second consuls et députés de la ville et prévôté de Maurs.*
Jean Granier, bourgeois et *premier consul de la ville de Mauriac* et Etienne Danjoulie (Danjolie), *greffier* de la juridiction ordinaire du seigneur du dict Mauriac.

Député nommé pour se transporter à Orléans : Monsieur Me Guillaume de Fraissy, *conseiller et procureur du Roy* de la présente maison consulaire et premier consul de ladite ville d'Aurillac l'année dernière.

Pour dresser le cahier des doléances :
Pour la prévôté d'Aurillac :
Geraud Lacarrière, conseiller au bailliage et siège présidial d'Aurillac ; Louis de Vernhies, lieutenant principal en l'Election d'Aurillac et Jean Contrastin, s^r de Limanhes, avocat audit siège.
Prévôté de St-Flour.
Me Bérauld, lieutenant assesseur au bailliage de St-Flour, premier consul, et le s^r Vezin, bourgeois et deuxième consul.
Prévôté de Maurs.
Guy Falvelly et François Domergue, juge et lieutenant en la juridiction du s^r abbé dudit Maurs.
Prévôté de Mauriac.
Jean de Poumeirie (Pomerie), bourgeois et ledit s^r Danjolie[1].

Le résumé de la délibération d'Aurillac du 2 mars constate d'abord indirectement l'abstention de la prévôté de St-Flour en donnant, comme membres présents, les noms des seuls consuls des trois autres prévôtés : Aurillac, Maurs et Mauriac.

---

1. Reg. des délibérations de l'Hôtel de Ville d'Aurillac, déjà cité, pp. 239 à 240.

Il ne mentionne ensuite que la nomination d'un seul député pour le Tiers-Etat, Guillaume de Fraissy : ce qui semble mettre à néant l'assertion de M. de Rangouze en ce qui concerne le lieutenant général de Lort et même contredire celle du procès-verbal dudit de Lort, en ce qui concerne le s^r de Cambefort, premier consul d'Aurillac.

Il se termine enfin par la nomenclature des délégués chargés de dresser le cahier des doléances des quatre prévôtés, même de celle de Saint-Flour, quoique non représentée.

D'un autre côté, la signature du s^r Bérauld ou Béraud, comme secrétaire, apposée au bas de la copie de la délibération de l'Hôtel de Ville de Saint-Flour, mentionnée par M. de Fortia, tend à faire supposer que la prévôté de Saint-Flour se réunit effectivement dans cette ville, le 5 mars, probablement au palais épiscopal, en exécution de la délibération du 3 dudit mois et qu'elle nomma comme syndic et député de la Noblesse, le s^r de Montvallat, tandis que l'assemblée d'Aurillac avait choisi le baron de Montancé. La mention du sieur *de Lort* comme *secrétaire* ne peut s'expliquer que par une erreur du copiste et doit être remplacée par celle dudit *Bérauld,*

De cette façon, les choses se trouvent remises au point et la contradiction qui semble résulter au premier abord du procès-verbal du lieutenant général de Lort et les deux pièces visées dans l'inventaire de M. de Fortia, s'explique naturellement par l'existence des deux délibérations successives d'Aurillac et de Saint-Flour.

Nous avons déjà dit que les Etats-Généraux d'Orléans furent prorogés d'abord à Tours en 1651, puis à Sens en 1652. Y eut-il à cet effet de nouvelles convocations en Haute-Auvergne ? Nous ne le pensons pas et n'en avons dans tous les cas retrouvé aucune trace ; il est probable que l'on se contenta de maintenir les députés élus en 1649, ainsi du reste que la déclaration royale du 20 janvier 1669 en laissait la faculté. Il n'en fut pas de même en Basse Auvergne, et Bergier nous a conservé le placard imprimé à cette occasion à la date du 18 juillet 1651, *signé* Chambon. L'assemblée de la Noblesse se réunit à Clermont le 7 août suivant et dans la liste des 208 membres comparants nous ne constatons pas sans étonnement la présence de M. de Salers, *syndic*. Peut-être était-il chargé de représenter la Noblesse du Haut-Pays !!! [1]

On se demande si les Etats de 1649 et de 1651 furent les dernières manifestations de la vie provinciale en Haute et Basse-Auvergne. M. Boudet n'hésite pas à affirmer que l'ombre d'autonomie laissée jusque-là au bailliage des Montagnes disparut avec l'assemblée de 1649 [2]. Il n'en serait pas ainsi d'après un mémoire manuscrit [3] conservé aux Archives Nationales, dressé quelques temps avant la Révolution pour réclamer la convocation par haut et bas pays et non par bailliages : « les « Etats particuliers de la province d'Auvergne, y est-il dit, se « seraient maintenus en activité jusqu'en 1672 et aucune loi « ne les aurait même abrogés depuis lors ». Or ce mémoire n'émane pas des premiers venus. Il porte au bas les signatures suivantes : Le duc de Caylus, le comte de Sartiges, le comte de Peyronnenc-Saint-Chamarant, Bélaigue (de Clermont), Lamothe, *notaire,* Vazeilles, Pruns (François de Leygonie de Pruns), *maire d'Aurillac,* Spy des Ternes, *maire de Saint-Flour,* et Bertrand, *procureur du Roi à Saint-Flour.*

Et c'est sans doute de lui dont Bergier s'est fait l'écho quand il dit : « L'Auvergne est peut-être la province des pays « d'Election qui a conservé le plus longtemps des Etats parti- « culiers permanents et en activité habituelle » [4].

---

1. Bergier, *loc. cit.*, p. 107.
2. Boudet. *La Justice et la Police prévôtales en Haute-Auvergne,* pp. 101 et 102.
3. Arch. Nat. Ba 33, liasse 66.
4. Bergier, *loc. cit.*, p. 1.

PROCÈS-VERBAL DE L'ASSEMBLÉE DES ESTATS
DE LA HAUTE-AUVERGNE,

dressé les 19 et 27 février 1649 par Jean de Lort, écuyer, conseiller du Roy en ses conseils d'Estat et Privé, lieutenant général au Bailliage et Siège Présidial d'Aurillac, en vertu de la lettre de cachet de Sa Majesté du 24 janvier précédent[1], *dans lequel les personnes convoquées de ladite ville [et Prévôté] sont :*

Le Seigneur abbé et comte de la même ville.

Louis Barbier de la Rivière, 56ᵉ abbé. Il succéda à Charles de Noailles, évêque de St-Flour en même temps qu'abbé de Saint-Géraud, et devint plus tard évêque de Langres[2].

Les Doyen et chanoines du chapitre de Saint-Geraud.

Le chapitre de Saint-Geraud se composait depuis la sécularisation de 1561, non compris l'abbé, de quatorze chanoines, dont quatre dignitaires : le doyen, l'aumônier, le grand chantre et le sacristain.

Jean de Naucaze, prieur de Saint-Christophe, fut doyen du chapitre de 1645 à 1668[3].

Le Curé et les prêtres de l'Eglise paroissiale de Notre-Dame.

Les prêtres de cette communauté étaient jadis au nombre de 60. Une délibération capitulaire, du 29 janvier 1653, donne

---

1. Bibl. Nat. Chérin, vol. 124, dossier 2586.

Nota. — Abréviations par lesquelles sont désignés les principaux ouvrages ou documents indiqués comme références : R. *Dictionnaire du Cantal* par de Ribier du Chatelet. — B. *Nobiliaire d'Auvergne* par Bouillet. — Bar. *Documents historiques sur le Rouergue* par de Barrau. — F. *Inventaire et productions faites en 1666* devant M. de Fortia, mss. 550 à 555 de la Bibl. de Clermont-Ferrand.

2 R. III, p. 364.
3 CHABROL, *Coutumes d'Auvergne*. Mgr BOUANGE, *Vie de Saint-Geraud*, T. II, 4ᵉ partie, chap. 1.

les noms de 25 d'entr'eux, y compris Antoine Fonrouge et Martin Bonnabal, *bailes*.

Antoine de Lacombe fut titulaire de la cure de Notre-Dame de 1645 à 1693 [1].

Le Sr Archidiacre de Marmanhac.

Pierre-Jean du Buisson de Bournazel, fils de Jean II, marquis de Bournazel et de Jeanne de Beauclair, décédé à Aurillac le 24 juin 1663 [2].

Les cures de Marmanhac et de Reilhac étaient deux bénéfices ecclésiastiques unis à l'archidiaconé d'Aurillac, qui avait son siège en l'église cathédrale de Clermont; c'est la raison pour laquelle l'archidiacre d'Aurillac est désigné ici sous le nom d'archidiacre de Marmanhac.

Le Sr Archiprêtre de Viescamps.

Antoine de Lacombe, déjà cité comme curé de Notre-Dame, était prieur de Viescamps, bénéfice uni à l'archiprêtré d'Aurillac, dont il était titulaire [3].

Le Sr Prieur de Polminhac.

Claude Chapt de Rastignac, 4e fils de Raymond Chapt de Rastignac, sieur de Messillac et de Marguerite de Saunhac, jouissait du prieuré de Polminhac en qualité d'archidiacre de Billom, dont ce prieuré était une annexe. Sa résignation en faveur de Claude Le Madre, son successeur aux deux bénéfices, fut acceptée en cour de Rome le 23 septembre 1651 [4]. Pierre Gaidou exerça les fonctions de curé (vicaire perpétuel) de Polminhac, de 1612 à 1657 [5].

Le Sr Prieur de Vic.

Jean Courbadières, prieur de 1637 à 1656 [6].

Le Sr Prieur de Thiézac.

Jean Armandies, prieur depuis 1646 [7].

---

1 et 3. Communication de M. l'abbé Chaludet, curé d'Ytrac.
2. Reg. de catholicité d'Aurillac, année 1663.
4. Arch. du P.-de-D. *Ins. ecclés.*, Reg. 52, p. 43.
5. Arch. de la fabrique de Polminhac. Communication de M. le curé Sérieys.
6 R. V., p. 548.
7. Reg. de catholicité de Thiézac. Communication de M. le curé Bastide.

Le Seigneur marquis de Merville.

Jacques de Peyrusse d'Escars *ou* des Cars, marquis de Merville et de Montal, baron de La Roquebrou et de Carbonnières, fils de François et de Rose de Montal, marié le 28 janvier 1620 à Magdeleine de Bourbon-Malause [1].

Le Seigneur marquis de Bournazel.

Jean II du Buisson, marquis de Bournazel, sénéchal et gouverneur du Rouergue, fils de François et de Florette de Morlhon, en sa qualité de seigneur de la Voûte (Marmanhac), du chef de Jeanne de Beauclair sa femme, veuve en premières noces de Jean d'Aurelle de Colombines, qu'il avait épousée le 8 octobre 1623 [2].

Le S^r baron de Conros (Arpajon).

Henry de Saint-Martial, baron de Conros, Aurillac, Puydeval, fils d'autre Henry et de Marie de Cosnac, marié le 30 janvier 1654 à Jeanne de Pompadour [3].

Le S^r baron de Miremont (Miramon).

Jacques-Charles-François de Cassagnes-Beaufort, marquis de Miramon, en Rouergue et de Pestel (Polminhac), fils de Charles et de Camille de Pestel, marié le 16 février 1649 à Marie-Marguerite de Brezons [4].

Le S^r baron de Roussilhe et Cropière.

Jean Rigaud de Scorailles, baron de Roussilhe, en Limousin et de Cropière (Raulhac), mestre de camp du régiment d'Espinchal, fils de Louis et de Guillelmine de Fontanges, marié le 27 février 1640 à Aimée-Eléonore de Plas [5].

Le Sr de Sédages (Marmanhac).

Alexandre de Caissac, fils de François et de Gilberte de Lignerac, marié le 3 août 1614 à Sybile de Baillac de Glandières [6].

Le S^r d'Yolet.

Henri de Malras, baron d'Yolet, fils de Pierre et de Françoise de Saillans, marié le 8 août 1622 à Magdeleine de Croc d'Anteyrat [7].

---

1. B. V. p. 77. — 2. Bar. II, p. 299. — 3. F. ms. 554, p. 131.
4. *Généalogie de sa famille*, par le vicomte B. de Miramon.
5. B. VI, p. 202. — 6. F. ms. 550, p. 51. — 7. B. IV, p. 28.

Le Sr de Giou (Giou-de-Mamou).

Jacques de Giou, baron de Giou, fils d'autre Jacques et de Françoise d'Anglars de Saint-Victour, marié le 16 avril 1627 à Marie de Murat [1].

Le Sr de Cologne (Naucelle).

Léger de Plas, fils d'Annet, Sr de Curemonte, en Limousin et de Jeanne-Françoise de Lignerac, marié le 8 mai 1639 à Jeanne de Clermont-Vertillac [2].

Le Sr de Requiran. (La Roquevieille).

Jean de Caissac, seigneur de Reilhac de son chef et de Requiran du chef de sa femme Jeanne-Catherine Cornaro de Curton, héritière de François de Peyrusse, qu'il avait épousée le 29 janvier 1648. Il était le frère cadet d'Alexandre, seigneur de Sédages ci-dessus mentionné et comme lui fils de Françoise et de Gilberte de Lignerac [3].

Le Sr de La Peyre (Lascelle).

Henri de La Tour, fils de David, seigneur de Saint-Pol en Rouergue et de Jacquette de Cayre d'Antraigues, marié le 16 juillet 1630 à Françoise de Ribier, dame de La Peyre [4].

Le Sr du Claux (Naucelle).

Hector de Veyre, fils de Guy et de Jeanne de Cazes, marié le 5 octobre 1628 à Françoise Broquin [5].

Le Sr de Viescamps (La Capelle-Viescamps).

Jean de La Valette, fils de Bérenger, Sr de La Poujeade en Rouergue et de Catherine de Castelnau de Bretenoux, marié le 8 juillet 1630 à Isabeau de La Panouze, dame de Viescamps [6].

Le Sr de Velzic (Lascelle).

Guillaume de Fontanges, fils d'Annet et de Françoise de Scorailles, marié le 7 octobre 1646 à Gabrielle de La Rochefoucauld [7].

Le Sr de Carbonnat (Arpajon).

Claude de Pouzols, fils d'autre Claude et de Marguerite de Montal, marié le 30 décembre 1634 à Louise d'Oradour [8].

---

1. F. ms. 553, p. 336. — 2. Bibl. Nat. *Dossiers bleus*, 525.
3. R. V. p. 135. — 4. Arch. de Ribier, *branche de Ramenet*.
5. F. ms. 555, p. 353. — 6. B. VII, p. 20. Courcelles, I, p. 51.
7. F. ms. 552, p. 173. — 8. F. ms. 554, p. 364.

Le Sʳ de Conthie (Marmanhac).

Charles de Veyre, frère d'Hector, seigneur du Claux, sus-mentionné et comme lui fils de Guy et de Jeanne de Cazes, marié le 5 juillet 1638 à Catherine de Roquemaurel [1].

Le Sʳ d'Estang (Marmanhac).

François d'Estang, fils de Louis et de Marguerite de Douhet d'Auzers, marié le 21 juin 1657 à Catherine de Marne [2].

Le Sʳ de Lastensouzes (Vieillevie).

Hugues I de Conquans, père de Bérenger et aïeul d'Hugues II, qui figure plus bas dans la prévôté de Maurs, comme seigneur de Conquans, est qualifié sieur de Lastensouzes dans son contrat de mariage avec Jeanne de Lupé du 31 août 1558. En 1649 ce fief appartenait aux enfants ou héritiers de Bertrand de Conquans, mort à la suite d'un duel avec Louis de Vielval, seigneur de Favars [3].

Le Sʳ de La Roquevieille.

François-Gabriel de Nozières-Montal, fils de Rigaud et de Louise de Salers, né le 6 septembre 1607, marié le 6 juin 1652 à Anne de La Tour de La Peyre [4].

Le Sʳ d'Espinassol (Ytrac).

Alexandre de Roquemaurel, fils d'Antoine et de Louise de Caissac, marié le 26 janvier 1648 à Catherine de Veyre [5].

Le Sʳ de Comblat (Vic).

Antoine de Comblat, fils de Jean et de Gabrielle de Grenier de Miégemont, marié le 16 août 1610 à Catherine d'Apchier [6].

Le Sʳ de La salle. (Vic).

François de Boisset, Sʳ de La Salle, fils à Jean et à Marguerite de Turenne d'Aynac, marié le 16 août 1636 à Marie de Torsiac [7].

Le Sʳ de Crueghe et de Montal.

Jean de Montal, fils de Pierre et de Catherine de Cabrol de Crueghe, marié le 4 mai 1650 à Rose de Roquemaurel [8].

---

1. F. ms. 555, p. 356. — 2. F. ms. 553, p. 128.
3. F. ms. 553, p. 128. R. V, p. 580. — 4. F. ms. 554, p. 222. — 5. F. ms. 555, p. 141. — 6. F. ms. 553, p. 105. — 7. R. V. p. 566. — 8. F. ms. 554, p. 218.

Le Sr de la Réginhie (Reillac).

Jean de Veyre, fils de Guy et de Jeanne de Cazes et par conséquent frère des sieurs du Claux et de Conthie sus-mentionnés [1].

Le Sr de La Prade (Arpajon).

Antoine de Montal, fils de Jean et de Marguerite de La Roque-Sennezergues, marié à Antoinette de Saint-Nectaire de Veyrières [2].

Le Sr de Monteil de Treyflères *(Teissière)*, dans l'ancienne paroisse de Saint-Martin de Valois, près Tournemire,

Jean de Pestel, fils de Jacques et de Françoise de Monteil, marié le 5 mai 1642 à Jeanne de Monteil [3].

Et les consuls de ladite ville.

Jean de Cambefort, conseiller au Baillage et siège présidial, Etienne de Croze, conseiller à l'Election et Pierre Vigier, marchand [4].

Les personnes convoquées de la Prevôté de Saint-Flour sont :

Mr l'évêque de Saint-Flour.

Jacques de Montrouge, 25e évêque (1647 à 1664), aumônier ordinaire de la Reine, prieur de Molompize et abbé de Foix, mort à Gannat le 20 avril 1664 [5].

Les Chapitres des Eglises cathédrale et collégiale de lad. ville.

Le chapitre cathédral de Saint-Flour, sécularisé par bulle du pape Sixte IV, du 6 janvier 1476, se composait d'un archidiacre, prieur de Bresons et Malbo; d'un archiprêtre, prieur d'Espinasse; d'un trésorier, prieur de Saint-Mary-le-Plain; de vingt chanoines, six hebdomiers et vingt choriers, et le Chapitre de Notre-Dame, d'un prévôt, sept chanoines et douze choriers [6].

---

1. R. V, p. 92. — 2. F. ms. 554, p. 211.
3. D. Bétencourt. *Noms féodaux*, II, p. 193. F. ms. 551, p. 273.
4. Communication de M. Jean Delmas. — 5. R. III, p. 364.
6. Bibl. de Clermont, ms. Audigier, n° 580, p. 14 et 15. Comte DE RÉSIE, *Hist. de l'église d'Auv.*, T. III, p. 359 et R. II, p. 197.

Le Sr Commandeur d'Estaing.

Charles d'Estaing, chevalier de Malte, commandeur de Caubines et de Morlan, seigneur de Cheylade¹.

Le Sr Prieur de Bredons et le Chapitre de la ville de Murat.

Jean Anglade prieur, de 1628 à 1664, prédécesseur de Jean de Lastic de Sieugeac. Il était curé de Murat, qui ne fut érigé en paroisse qu'en 1732. Cette ville possédait néanmoins un chapitre constitué le 2 août 1350 en vertu de lettres de Mgr Dieudonné de Canillac, évêque de Saint-Flour, et composé de dix chanoines et de dix choriers².

Le S^r marquis de Langeac et de Rochegonde.

Louis de La Rochefoucauld, fils de Jacques et de Françoise de Langeac, marié le 10 mars 1611 à Louise de La Guiche³.

Le S^r comte d'Apcher (Apchier).

André d'Apchier, baron de Montbrun, seigneur de Chaliers, Lescure, etc., fils de François et de Jacqueline de Creste, marié à N. de Roquelaure de Pompignac⁴.

Le Sr de Salians (Andelat).

Jean d'Estaing, baron de Saillans, marquis du Terrail et comte de Ravel, fils de feu Jacques et de Catherine du Bourg, dame de Saillans, marié à 1647 à Claude-Marie de Comboursier⁵.

Le vicomte de Dienne.

Philippe de Beaufort-Montboissier-Canillac, fils de Jean-Claude et de Gabrielle de Dienne, marié en 1646 à Marie d'Alègre⁶.

Le S^r d'Espinchal (Basse-Auvergne).

Charles-Gaspard d'Espinchal, baron de Massiac, fils de Jacques et de Gabrielle Hérail de La Roue, marié le 23 août 1644 à Hélène de Lévis-Chateaumorand. Il fut condamné par les Grands-Jours⁷.

---

1. Bar. I, p. 512, Arch. du Cantal, E. 385. — 2. R. I, p. 291 et IV, p. 445.
3. F. ms. 551, p. 217.
4. P. Anselme, III, p. 831. — 5. B. II, p. 420. — 6. B. II, p. 223.
7. Audigier, ms. 580, p. 227.

Le S^r des Thernes *(Les Ternes)*.

Jean d'Espinchal, marquis des Ternes, oncle du précédent, fils de François et de Marguerite d'Apchon, dame de Massiac, gouverneur de la ville et château de Murat, lieutenant général des Galères de France, mort en 1672[1].

Le Sr de Mardanhe *(Mardogne)*.

En 1649 la seigneurie de Mardogne (Joursac) était litigieuse entre les familles d'Anjony, d'Apchier et de La Rochefoucauld-Langeac. Elle passa en 1720 à David Dufour, puis au prince de Conti, qui la céda à Louis XV en 1770.

Le Sr de Montgon.

François de Cordebœuf-Bauvergier-Montgon, fils de Pierre et de Charlotte de Chabannes, marié le 13 février 1624 à Marie de Beaume[2].

Le Sr de Chaudesaigues.

Louis de Bourbon, vicomte de Lavedan, baron de Chaudesaigues, fils d'Henri, marquis de Malause, seigneur de Miremont et de Magdeleine de Châlon, né le 18 mars 1606, marié en 1638 à Charlotte de Kervens et en 1653 à Henriette de Duras, mort le 1er septembre 1667[3].

Le Sr de Montbalat *(Montvallat)*, près Chaudesaigues.

François de Montvallat, fils de Guillaume et de Jeanne de Bourbon-Lavedan, marié le 29 septembre 1614 à Marguerite de Beauvergier-Montgon[4].

Le S^r d'Anteroche (Murat).

Claude ou Charles-Claude de Laroque-Massebeau, baron d'Anteroche, fils de Louis et de Isabeau de La Tour du Gouvernet. Cette dernière, veuve de Louis d'Anteroche, qu'elle avait épousé le 20 octobre 1630, devint en secondes noces la femme de Pierre de Beauvergier-Montgon. Le baron d'Anteroche se maria le 28 février 1656 avec Isabeau de Bonafon, fille de Jacques et de Suzanne de Peyronnenc-Saint-Chamarand, et assista le 17 novembre de même année à Mauriac à la prise d'habit de Marie sa sœur, en présence dud. Pierre de Beauvergier[5].

---

1. Arch. du Cantal, E. 365.
2. F. ms. 550, p. 72. — 3. Bar. II, p. 625. — 4. F. ms. 551, p. 273.
5. Arch. de Ribier et Arch. du Grand Prieuré d'Auvergne, à Lyon. H. 93, fol. 1223 et 1250.

Le Sʳ de Cambeuls *(Chambeuil)*, près La Vayssière.

François de Chambeuil, fils de Jean et de Catherine de Ludesse, marié le 28 octobre 1621 à Françoise de Leyret[1].

Le Sʳ de Chazelles.

Louis de Chazelles, sieur d'Œillet (Ussel), fils de Guillaume et de Jeanne de La Roque, marié le 17 décembre 1613 à Louise Lizet de Courdes[2].

Le Sʳ de Rofflac, près Saint-Flour.

Pantaléon de Méallet, fils de Jean et de Claude de Lignerac, marié le 28 septembre 1622 à Louise de Brugier[3].

Le Sʳ de Bareillettes *(Vareillette)*, près St-Georges.

Claude de Murat-Rochemaure, fils de François, sʳ de Serre et de Catheriné de Poulhez ou Polier, dame de Vareillette, marié vers 1660 à Louise de Mercier de Maleval[4].

Le Sʳ de Neyrebrousse (Cézens).

Annet-Charles de Brezons, fils de Sébastien et de Marie du Poujet de Nadaillac, marié le 14 janvier 1643 à Louise du Treuil[5].

Le Sʳ d'Andelat.

Pierre de Brugier, fils d'Amable, sieur d'Aveneaux et de Louise de La Richardie, né le 5 juin 1608, marié le 5 février 1657 à Louise de Jourdy[6].

Le Sʳ de Ligonnès (Ruines).

François Dantil de Ligonnès, fils d'autre François et de Louise d'Espinchal, marié le 17 janvier 1627 à Pierrette de Rochebaron[7].

Et les Consuls de la même ville de Saint-Flour :

Jean Bérauld, conseiller du Roi, lieutenant criminel assesseur au baillage de Saint-Flour, Germain Vezin, bourgeois et Pierre Frégeac, procureur d'office de la ville[8].

---

1. F. ms. 550, p. 56. — 2. F. ms. 550, p. 239. — 3. F. ms. 550, p. 155.
4. Audigier, ms. 680, p. 23.. — 5. F. ms. 550, p. 47.
6. F. ms. 554, p. 101. — 7. F. ms. 554, p. 121.
8. Communication de M. Bélard, archiviste à Saint-Flour.

Les personnes convoquées dans la Prévôté de Maurs sont :

Mr l'évêque de Clermont, conseigneur de Maurs.
Joachim d'Estaing, 86e évêque de Clermont (1614 à 1650), fils de Jean et de Gilberte de La Rochefoucauld, décédé au château de Mozun le 11 septembre 1650 [1].

Le Seigneur abbé de la ville.
Antoine Cotignon de Chauvry, abbé commendataire de Sainte-Croix-lès-Ginguamp en Bretagne, doyen de Mauriac, aumônier de la Reine, fils de Gabriel Cotignon, sieur de Chauvry et de Charlotte Hoschet. Il occupa ce siège pendant plus de 40 ans (1631 à 1674) et eut pour successeur Charles de Foucauld, neveu du célèbre surintendant Fouquet, installé le 13 février 1674 [2].

Les Religieux du monastère dud. lieu.
Ils étaient au nombre de douze, dont cinq officiers claustraux : le cellérier, prieur de Saint-Etienne-de-Maurs, le pitancier, le camérier, le sacristain, prieur d'Ytrac et l'ouvrier, plus sept simples mansionnaires [3].

Le Sr Prévôt de Montsalvy.
François de Sennetère, abbé ou prévôt en 1630, qui se démit de sa charge le 18 septembre 1665 en faveur de son neveu Antoine de Sennetère ; il était fils d'Astorg et d'Anne de Veyrières [4].

Le Sr Prieur des Calmelz *(Escalmels)*, paroisse de Saint-Saury.
Jean Desribe, avocat et docteur en même temps que prieur. Il succéda à Soulhé et fut remplacé vers 1650 par Louis de Clermont. Le prieuré d'Escalmels *(Prioratus Beatæ Mariæ de Carmelo)* dépendait de l'abbaye de la Couronne (Angoulême) ; il resta conventuel jusqu'aux guerres de religion et devint à partir de cette époque un prieuré simple à la nomination du Pape [5].

---

1. Bar. I, p. 512.
2 et 3. Communication de M. l'abbé Lafarge, doyen de Riom-ès-Montagnes.
4. *Montsalvy*, par l'abbé Muratet, p. 111.
5. Communication de M. l'abbé Figeac, curé de Cassaniouze.

Le Sʳ Doyen de Carennac, comme prieur de Saint-Constant.

François de Salignac, abbé de Fénélon, prieur de Saint-Constant. Il était en 1663 conseiller du Roy et évêque de Sarlat [1].

Le Sʳ Prieur de Cayrols.

Antoine de Naucaze, doyen de Figeac, fils d'Antoine et de Jacquette de Bourdeilles [2].

Le Sʳ Comte de Crussol et de Saint-Santin.

Emmanuel de Crussol, comte de Crussol, duc d'Uzès, pair de France, fils de Jacques et de Françoise de Clermont, marié : 1º le 28 juin 1601 à Claude Ebrard, dame de Saint-Sulpice et 2º le 24 février 1632 à Marguerite de Flageac, décédé le 19 juillet 1657 [3].

Le Sʳ de Messilhac (Raulhac).

Franc ou François-Bertrand Chapt de Rastignac, fils de Raymond V et de Marguerite de Saunhac, marié dans un âge avancé le 8 novembre 1664 à Marguerite Vignières, dite de Palisse [4].

Le Sʳ d'Auberocque (Ladinhac).

François-Robert de Fontanges, comte d'Auberoque, fils de Louis et de Jeanne de Sermur, marié le 5 janvier 1605 à Delphine de Patrix [5].

Le Sʳ baron de Montancé (Périgord).

Georges de Naucaze, fils cadet d'Antoine et de Jacquette de Bourdeilles, qui avait apporté à son mari le 28 août 1597 la seigneurie de Montancé [6].

Le Sʳ baron de Palaret.

René II de La Garde de Saignes, fils unique de Louis et d'Anne de Saint-Mamet, marié le 23 mars 1638 à Antoinette de Fontanges [7].

---

1. *Id.* de M. l'abbé Raoux, curé de Jou-sous-Monjou. — 2. R. III, p. 61.
3. P. Anselme, III, p. 770. — 4. Jugᵗ du trib. de la Seine du 10 février 1860.
5. F. ms. 552, p. 173. — 6. Arch. du Cantal, E. 265.
7. Pr. pour la grande écurie.

Le Sr baron de Montmurat.

Jean de Felzins, marié à Françoise de Lentilhac, dont les deux filles Hélène et Catherine épousèrent les deux frères : la première Louis de Turenne, marquis d'Aynac en 1656 et la seconde Jean de Turenne, comte d'Aubepeyre, le 13 décembre 1671 [1].

Le Sr de Pertilhac *(Pestillac)*, paroisse de Montcabrier, en Quercy.

Charles de Durfort, seigneur de Pestillac, fils d'Antoine et de Catherine d'Albin, marié le 30 août 1643 à Marguerite Hébrard de Saint-Sulpice, à raison du fief de Berbuzon, qu'il possédait dans la paroisse de Mourjou [2].

Le Sr de Conquans (Boisset) **et de Cances** (Ladinhac).

Hugues de Conquans, sieur de Cances, fils de Bérenger et de Judith de Monstuéjouls, marié le 22 juin 1634 à Catherine de Boisset de La Salle [3].

Le Sr de Vitrac.

Jean de Méallet, fils d'autre Jean et de Claude de Lignerac, marié le 22 février 1634 à Antoinette Delbois de Cours [4].

Le Sr de Douzon (Siran).

Jean de Méallet, frère du précédent, marié le 29 juin 1645 à Anne Delbos. Il habitait en 1666 la paroisse de Sennezergues [5].

Le Sr de La Mothe (Calvinet).

Guy de Gosserand, fils de François et d'Anne d'Omps, marié le 22 juin 1627 à Marie de Pélamourgues, dame de La Mothe [6].

Le Sr de Sadours (Mourjou).

Raymond de Sadours, sieur du lieu et Antoine son frère, sieur de La Vergne, étaient fils de Blaise de Sadours et probablement petits-fils de Pierre de Sadours, bourgeois de Calvinet, qui reçut en 1554 cent quarante-une reconnaissances des habitants de la paroisse de Mourjou. Ils habitaient ensemble le château de Sadours et ne furent pas maintenus dans leur no-

---

1. Lainé. Arch. de la Noblesse, VIII, p. 38.
2. Ms. 550, p, 203 et B. t. II, p. 388. — 3. F. ms. 553, p. 128.
4. F. ms. 554, p. 145. — 5. *Id.* p. 171. — 6. F. ms. 550, p. 109.

blesse par M. de Fortia. Le premier était âgé de 50 ans lorsqu'il fut convoqué au ban de 1674 où son frère Antoine le remplaça [1].

Le Sr de Veyrières (Sansac-de-Marmiesse).

Hugues de Saint-Nectaire, fils d'Astorg et d'Anne de Veyrières, marié le 7 décembre 1631 à Louise de Boucan de Flory de Bouvian [2].

Le Sr de Murat (Saint-Etienne-de-Maurs).

Antoine de Grignols, fils de Jean et de Catherine de La Faye, marié le s3 mai 1599 à Charlotte de Calsacy. Il y avait dans cette paroisse deux châteaux du nom de Murat : Murat-la-Guiole et Murat-l'Arabe, reliés ensemble par une galerie [3].

Le Sr de Sennezergues.

François de La Roque, fils de Louis et d'Anne de Flory, marié le 26 septembre 1648 à Anne de Benoist [4].

Le S^r de La Guillaumanche (Cassaniouse).

Antoine de Pélamourgue, fils de Pierre et d'Anne de La Roque, marié le 18 juin 1638 à Françoise de Sennezergues [5].

Le Sr du Trioulou.

Marc-Antoine d'Escaffres, fils de Gabriel et de Jacquette de Nadaillac, marié le 29 juin 1650 à Marguerite du Breuil [6].

Le Sr de Merle (Saint-Constant).

Antoine de Lauzeral, fils de Jacques et de Césarie de Breuil, marié en 1614 à Marguerite de Breuil [7].

Le Sr de Sennezergues.

Il paraît faire double emploi avec François de La Roque, cité plus haut.

Le Sr de Gagniac. (Arpajon).

Jacques de Moustoulat, gouverneur de Saint-Céré, fils d'autre Jacques et d'Anne de Giou, marié à Judith d'Estivaux [8].

---

1. Arch. du P.-de-D. C. et Arch. du Cantal, E. 999. — 2. B. VI, p. 86.
3. Bibl. Nat. dossiers bleus, 514. R. III, p. 284.
4. F. ms. 550, p. 150. — 5. R, III, p. 55. — 6. F. ms. 553, p. 159.
7. R. III, p. 238. — 8. F. ms. 551, p. 273.

Et les Consuls de lad. ville.

Gabriel Danfabre (d'Enfabre), Raimond Verdier, Jean Bruel et Jean Viguié [1].

Les personnes convoquées de la ville et prévôté de Mauriac sont :

Le Seigneur Doyen de Mauriac.

Antoine Cotignon de Chauvry, cité plus haut comme abbé de Maurs. Il occupa le doyenné 64 ans, de 1631 à 1695, époque à laquelle il résigna ses fonctions en faveur d'Ignace de La Loubère [2].

Le Prieur du monastère.

Rorich Gotereau, nommé prieur claustral le 20 juillet 1648 et remplacé par Auremond Rougier le 9 juin 1654. Il mourut au monastère de Saint-Denis le 1er mai 1698 [3].

Le Sr Archiprêtre de la même ville.

Jean de Peyrelade, originaire du château de ce nom, paroisse de Saint-Saturnin en Haute-Auvergne, chanoine de Billom. Installé archiprêtre de Mauriac le 7 août 1640 comme successeur de Jean de Vigier, il résigna ses fonctions en faveur d'Annet Dulaurens, chanoine de Saint-Geraud, qui en prit possession le 24 octobre 1665 [4].

Le Sr Prieur d'Ambials (Saint-Martin-Valmeroux).

Ce prieuré était à la collation de l'abbé de Saint-Geraud d'Aurillac ; il fut supprimé le 10 août 1778 et uni au grand séminaire de Clermont par ordonnance de Mgr de Bonal. Antoine Duboys, prédécesseur de François de La Font de Saint-Projet, en était probablement prieur à l'époque dont s'agit [5].

Le Sr Prieur de Drugeac.

Hercule de Saint-Martial, fils de Hercule, baron de Drugeac, et de Jeanne-Marie de Polignac, installé le 27 mai 1635 en rem-

---

1. Délibération prise à la maison consulaire de Maurs, le 10 décembre 1649, devant Domergue, nre royal, communiquée par M. l'abbé Lafarge, doyen de Riom-ès-Montagnes.
2 et 3. Dr L. de Ribier. *Chroniq. de Montfort sur Mauriac*, pp. 120 et 187.
4. Arch. du P.-de-D. *Ins. ecclés.* Reg. 41, p. 6 et Reg. 55, p. 34.
5. *Id.* Reg. 168, p. 183.

placement de son oncle, François de Saint-Martial, fils d'autre François et de Louise de Polignac. Ce prieuré fut uni au collège des RR. PP. Jésuites d'Aurillac par sentence de Mgr Bochard de Saron, évêque Clermont, du 9 juillet 1700 [1].

Le Sr Prieur de Saint-Illide.

Pierre de La Valette, fils puîné de Jean et d'Isabeau de La Panouze, des seigneurs de Viescamps. Il avait pour curé ou vicaire perpétuel, en 1649, Pierre Granet. Le prieuré de Saint-Illide dépendait de l'abbaye d'Aurillac et possédait au XVIIe siècle des revenus relativement considérables. Le prieur était seigneur de la paroisse en partie [2].

Le Sr marquis de Curton et de Saint-Christophe.

Henri de Chabannes, fils de François Ier et de Renée du Prat, marié le 24 février 1642 à Renée de Lénoncourt, décédé au château de Madic le 11 octobre 1654 à l'âge de 87 ans [3].

Le Sr comte de Charlus (Bassignac).

Charles II de Lévis, fils de Jean II et de Diane de Daillon, marié le 6 juillet 1620 à Antoinette de Lhospital-Vitry [4].

Le Sr comte d'Apchon.

Jacques-Artaud, fils de Jean et de Jeanne de Saint-Paul, marié le 4 avril 1644 à Philiberte de Saint-André [5].

Le Sr marquis de Malause et de Miremont (Chalvignac).

Henri II de Bourbon-Malause, fils d'Henri I et de Françoise de Saint-Exupéri, dame de Miremont, marié en 1598 à Magdeleine de Châlon, décédé au château de Miremont le 31 décembre 1649 [6].

Le Sr comte de Cailus.

Jean de Tubières de Grimoard, comte de Caylus, fils de Jean et d'Anne de Pestel, marié : 1º le 23 janvier 1636 à Magdeleine

---

1. *Id.* Reg. 16, p. 39 et Reg. 73. p. 247. — 2. De Ribier du Chatelet. *Notes mss.*, et de Courcelles, *loc. cit.* T. 1er, p. 51.
3. *Hist. de la maison de Chabannes* par le comte Henri de Chabannes. T. III, p. 63.
4. *Charlus-Champagnac*, par le Dr L. de Ribier, pp. 242 et 244.
5. F. ms. 550, p. 5. — 6. Bar. II, p. 625.

de Bourbon-Malause et 2º le 12 novembre 1644 à Isabelle de Polignac [1].

Le Sr de Saint-Angeau (Riom-ès-Montagnes).
Jean-Charles de Chabannes, baron de Saint-Angeau, fils de François et de Renée du Prat, marié le 28 juin 1607 à Louise de Margival de Salency, mort en 1655 [2].

Le Sr de Reilhac.
Jean de Caissac, sieur de Reillac et de Requiran, déjà mentionné à Requiran.

Le Sr de Lignerac.
François Robert de Lignerac, fils d'Edme et de Gabrielle de Lévis-Charlus, marié le 24 janvier 1630 à Marie d'Espinchal [4].

Le Sr de Murat l'Arabe (Vignonet).
Folcran de Bérenger, marquis de Montmouton, ou plutôt Montmaton, fils de Laurent et de Catherine de Claviers, marié le 20 octobre 1627 à Catherine Mothier de Champetières [4].

Le Sr de Drégeac (Drugeac).
Hercule de Saint-Martial, baron de Drugeac, fils de François et de Louise de Polignac, marié : 1º le 20 novembre 1634 à Jeanne-Marie de Polignac et 2º le 6 juin 1642 à Judict de La Tour du Gouvernet [5].

Le S^r d'Escorailles.
Jean, baron de Scorailles, fils de François et de Jeanne de Saint-Chamans, marié : 1º le 19 janvier 1623 à Magdeleine de Vigier de Prades et 2º le 5 octobre 1644 à Anne de Tautal de Chanterelles [6].

Le Sr de Salers.
Henri, baron de Salers, fils de François III et de Jeanne de Saint-Martial, marié le 24 mai 1630 à Diane de Serment, condamné aux Grands-Jours [7].

Le S^r baron de Trisac.
Charles de Faye d'Espesse, fils de Jacques et de Françoise

---

1. B. VI, p. 414.
2. *Hist. de la mais. de Chabannes*, T. III, p. 173. — 3. F. ms. 555, p. 69.
4. Bar. II, p. 617. — 5. F. ms. 551, p. 131. — 6. Arch. du Cantal, E. 361.
7. F. ms. 551, p. 430.

de Chalvet, dame de Trizac et de Cheyrouse, marié le 12 août 1617 à Marie de Fourcy, conseiller d'Etat en 1621 et ambassadeur en Hollande en 1624[1].

Le Sr de Claviés.

Gilbert de Claviers, sieur de Fosse (Menet), fils naturel de Jacques de Claviers, légitimé par lettres du Roi de 1644 à l'occasion de son mariage avec Françoise de Tautal[2].

Le Sr de Pleaux.

Henri II de Grenier, fils d'Henri I et de Françoise Hébrard de Saint-Sulpice, marié le 16 janvier 1626 à Catherine de Corn[3].

Le S^r d'Auzers.

Pierre IV de Douhet, baron d'Auzers, fils de Pierre III et de Marguerite de Salers, marié le 15 janvier 1615 à Jeanne Lizet, dame de Courdes[4].

Le Sr de Montbrun (Méallet).

Jean II de Montclar, fils de Guy et de Renée de Chaslus de Cordès, marié le 5 septembre 1615 à Marguerite de Saint-Martial[5].

Le Sr de Valans (Moussages).

Jacques de Nozières-Montal, seigneur de Valens, fils de François II et de Jeanne de La Mer de Matha, marié le 28 juin 1634 à Jacqueline de Saint-Nectaire[6].

Le Sr de Tournemire.

Claude de Pestel, fils de Jean-Claude et de Marguerite de La Roque, dame de Tournemire, marié le 15 février 1653 à Gabrielle d'Anjony[7].

Le S^r d'Anjeny *(Anjony)*, près Tournemire.

Michel d'Anjony, sieur du lieu, marquis de Mardogne, fils de Louis et de Philippe de Lignerac, marié le 15 février 1653 à Gabrielle de Pestel[8].

---

1. Bibl. Nat. ms. Fr. 20202, f° 315. — 2. Arch. de Ribier.
3. B. III, p. 205. — 4. *Généalogie de la famille*, imprimée.
5. B. IV, p. 246. — 6. B. IV, p. 445.
7. F. ms. 551, p. 321. Arch. du P.-de-D. *Ins. civiles*, Reg. 144. p. 257.
8. F. ms. 550, p. 11.

Le Sʳ de Marzes (Saint-Cernin).

Jean, baron de La Salle, marquis de Marzes, fils de Joseph et d'Antoinette de La Salle de Val-le-Chastel, marié à Claudine Robert de Lignerac, dame de Marze, fille et héritière de Gilbert de Lignerac et de Claudine d'Ussel ¹.

Le Sʳ de Chabrucière *(Chavarvière)*, près Saint-Bonnet-de-Salers.

François de Salers, sieur de Chavarvière, fils de François III et de Jeanne de Saint-Martial, marié le 30 mai 1630 à Marguerite de Mossier. Il fut impliqué avec son frère Henri, baron de Salers, dans les poursuites des Grands Jours. Il était âgé de 69 ans lors de la convocation du ban de 1674 et sa femme déclara pour lui qu'il possédait en fief les terres de Salers et de Chavarvière, dont les revenus, s'élevant à 1.500 livres, avaient été saisis et adjugés à la dame déclarante pour la subsistance de ses enfants ².

Le Sʳ de Fornols (Anglards-de-Salers).

Jean de Montclar, fils de Pètre-Jean et de Marguerite de Chancel, marié le 24 septembre 1640 à Catherine de Vigier de Prades, sœur de Louis de Vigier ³.

Le Sʳ de Bassignac.

François d'Anglars, fils de Guy et de Catherine de Ribier, marié le 20 mai 1642 à Gabrielle de Tautal de Chanterelles ⁴.

Le Sʳ de Lavandez (Champagnac).

Charles de Sartiges, fils de Claude et de Geneviève de La Gane, marié le 13 décembre 1602 à Jeanne de Textoris ⁵.

Le Sʳ du Chastelet (Ydes).

Emmanuel du Chatelet, fils d'Antoine et de Catherine de Caissac de Sédages, marié le 3 février 1648 à Catherine de Scorailles, veuve de Jean de Ribier de Lavaur ⁶.

Le Sʳ de Montfort (Arches).

François de Murat, fils de Claude et de Catherine de Lévis, marié le 24 mars 1646 à Catherine de Pélamourgues ⁷.

---

1. *Généalogie du Duc de La Salle*, p. 22.
2. F. ms. 551, p. 430. — 3. F. ms. 551, p. 236.
4, 5 et 6. Arch. de Ribier. — 7. B. IV, p. 294.

Le Sr de Lavaur (Jaleyrac).
Pêtre-Jean de Ribier, fils de Jean et d'Hélips de Balsac, marié le 10 novembre 1603 à Antoinette de Roquet d'Estresses [1].

Le Sr de Sourniac.
Jean d'Autressal, fils d'Antoine et de Louise du Fayet de La Tour, marié le 4 novembre 1630 à Antoinette de Sartiges de Lavendès [2].

Le Sr de Sartiges (Sourniac).
Gabriel de La Garde, l'un des cents chevau-légers de la garde du Roi, soldat de fortune anobli en novembre 1636, marié le 3 octobre 1631 à Anne d'Autressal, veuve de Charles de Charlus, dame de Sartiges [3].

Le Sr de Prades (Saint-Christophe).
Louis de Vigier de Prades, fils de Jacques-Antoine et d'Anne de Roffignac, marié le 27 septembre 1638 à Rose de Pestel [4].

Le Sr de Burg (Barriac).
Charles de Bardet de Burc, fils de François et de Constance de La Panouse, marié le 1er décembre 1646 à Anne Thoury [5].

Le Sr Delbac *(du Bac)*, paroisse de Saint-Martin-Cantalès.
Jean de Turenne, fils d'Hugues et de Jeanne de Prallat, marié le 16 avril 1626 à Hélène de La Messauchée [6].

Le Sr du Perle (Saint-Illide).
Guyon de Barriac, fils de Jean et d'Antoinette de Meallet de Fargues, marié le 27 mars 1632 à Magdeleine de Prallat, fille d'Antoine, dame du Perle [7].

Le Sr de Planhes *(Plaignes)*, paroisse de Sainte-Eulalie.
François de Plaignes, fils de Jacques et de Catherine de Fontanges, marié le 2 septembre 1626 à Jeanne de Chavialle [8].

Le Sr de la Bontat (Saint-Illide).
Henri de Jugeal de Payrat, fils de Mercure et de Louise de Pallat, dame de La Bontat, marié le 11 juillet 1657 à Jeanne du Saillans-Comborn [9].

1, 2, 3. Arch. de Ribier. — 4. B. VII, p. 119.
5. F, ms. 550, p. 21. — 6. F. ms. 555, p. 307.
7. F. ms. 550, p. 24. — 8. F. ms. 554, p. 325. — 9. F. ms. 554, p. 32.

Le Sr de Prallat (Saint-Victor).

Guy de Prallat, fils d'autre Guy et de Louise de Rilhac, marié le 8 juillet 1598 à Jeanne de Comblat [1].

Le Sr de La Calmette (Saint-Cernin).

Robert de Prallat, fils de Guy et de Louise de Rilhac, marié le 19 janvier 1622 à Léonne de Bonneval [2].

Le Sr de Fournolz (Champs).

François de Longua, fils d'autre François et d'Antoinette de Charbonnel, marié le 25 novembre 1617 à Jeanne de Donnereaux [3].

Le Sr de Valmaison (Moussages).

François de Douhet, fils de Gérôme et de Geneviève de Meschin, marié le 8 juin 1633 à Françoise de Nozières-Montal [4].

Le Sr d'Estang.

Blaise d'Estang, originaire du lieu d'Estang (Marmanhac), sieur d'Algères (Moussages), marié à Louise de Méallet [5].

Et les Consuls de la même ville de Mauriac.

Ligier de La Barre, sieur de Contre [6] et Jean Granier, bourgeois [7].

Etienne Danjolie, greffier, remplaça le Sr de La Barre.

Par lequel (procès-verbal) il a été nommé pour députés aux Etats Généraux tenus (à tenir) en la ville d'Orléans le 15 du mois de mars, M. l'évêque de Saint-Flour (Jacques de Montrouge), le Sr baron de Montancé (Georges de Naucaze) et le Sr Fraissy (Guillaume, conseiller et procureur du Roy) et le premier consul de la même ville (Jean de Cambefort) etc.

(Expédition en papier délivrée par le greffier dudit Bailliage, *signée* Conroz et légalisée).

---

1. *Id.*, p. 73. — 2. *Id.* p. 373. — 3. *Id.*, p. 112. — 4 et 5, Arch. de Ribier.
6. Reg. de Catholicité de Mauriac de 1619.
7. Reg. des délib. de l'hôtel de ville d'Aurillac, *déjà cité*, p. 139.

III

Ordonnance royale pour la convocation des Etats Généraux a Orléans du 20 janvier 1649 [1]

DE PAR LE ROY,

Nostre amé et féal. Comme dans une guerre qu'il a convenu au feu Roy, nostre très-honoré seigneur et père, que Dieu absolve! et à Nous de soutenir avec toutes les forces de cet Etat contre celles de l'Empereur et de la Couronne d'Espagne pour s'opposer aux desseins que l'on avait formés de l'attaquer et de l'opprimer, il a été impossible d'éviter qu'il ne soit arrivé beaucoup de désordres, d'abus et de corruption; et que dès nostre advenement à la Couronne, la longueur et les efforts de cette guerre faisant déjà ressentir beaucoup d'altération à l'ordre ancien du Royaume et une foule presque insupportable à nos sujets; quelque soin que nous ayons pris pour leur soulagement, le mal, les peines, sont allés en augmentant de jour en jour et n'avons pu y apporter le remède que nous espérions et que voyions bien par les sages conseils de la Reine Régente, nostre très honorée dame et mère, estre seul capable de faire le bon effet que nous désirions pour l'avantage, le repos et le soulagement de nos peuples, qui étoit de leur procurer une paix assurée, les ennemis déclarés de cette Couronne sur lesquels Dieu nous a donné des avantages assez considérables et connus de tout le monde, ayant toujours essayé de gagner temps, croyant qu'il arriveroit quelque révolution en cet Etat qui feroit changer la face des affaires avec un entier avantage pour eux : et lorsque nous pensions être aux termes de conclure la paix avec la Couronne d'Espagne ensuite de celle que nous avons heureusement faite avec l'Empereur, à la satisfaction et avec l'applaudissement général de tous les princes et Etats de l'Empire et que chacun voyoit que les Espagnols étoient contraints d'y consentir par le mauvais état et la nécessité de leurs affaires, il est arrivé un malheur insigne que les pratiques de ces mêmes ennemis ont aussi prévalu les esprits inconsidérés et fâcheux de quelques-uns de nos officiers de la Cour du Parlement de Paris, lesquelles ont premièrement donné diverses atteintes assez publiques et notables à nostre autorité souveraine, lesquelles nous avons bien voulu dissimuler, jusqu'à avoir fait expédier la déclaration du mois d'octobre dernier, qu'ils ont eux-mêmes dressée et puis sont venus à cet excès de témérité que d'avoir conspiré de se saisir de notre personne et d'usurper entièrement l'administration de nostre royaume et de nos affaires ; et enfin ont ordonné des levées de troupes et de deniers contre nostre service, se sont

---

1. *Des Etats-Généraux et autres assemblées nationales.* T. XVIII, p. 352.

emparés de ceux qui étoient en nos requestes, ont pris par force nostre château de la Bastille de Paris, et usé d'hostilité contre nous, prétendans s'avantager du temps de nostre minorité pour satisfaire à leur ambition et à leurs intérêts particuliers et pour renverser toute la forme de l'Etat : en quoi nous avons vu avec beaucoup d'étonnement qu'ils ont été secondés par un prince de nostre sang et quelques princes et officiers de nostre Couronne, qui oubliant leur naissance et les obligations de leurs charges, de leur serment et de plusieurs grâces qu'ils ont reçues de nous, au lieu de s'attacher à nous et à la monarchie pour servir à réprimer une rébellion se sont joint à des gens sans autorité et qui ont perdu celle qu'ils y avoient à l'instant même que nous la leur avons otée pour s'en estre rendus indignes par leurs armes, le dessein de ces princes n'étant que d'avancer leurs affaires particulières par des établissemens pour eux et les leurs dans les places très considérables et inportantes, dont il arriverait des préjudices irréparables à nous et à la sûreté de nostre Etat, si bien que nos ennemis conoissant cette division qui se forme dans nostre royaume s'éloignent de plus en plus de la paix espérant que ce trouble intestin sera capable de porter les choses au point qu'ils souhaitent et parce que nous voyons bien que les choses demeurent en cet état, il est nécessaire sans perdre aucun moment de temps de penser sérieusement aux moyens de faire cesser les désordres et les maux dont nostre royaume est travaillé et dont l'accroissement pouroit enfin accabler nos sujets : nous avons estimé, après avoir pris les avis de nostre très cher et très amé le prince d'Orléans, de nostre très cher et très amé le prince de Condé et plusieurs notables personnages de nostre Conseil étant en grand nombre auprès de nous, que nous ne pouvons mieux y parvenir, qu'en faisant convoquer et assembler au plustôt qu'il sera possible les Etats Généraux des trois ordres de nostre royaume et ayant résolu de tenir les Etats le quinzième jour du mois de Mars prochain, en nostre ville d'Orléans et de faire pour cette fin que quelques-uns des plus considérables personnages de chacune province, baillage, sénéchaussée s'y trouvent ainsy qu'il est accoustumé, pour nous faire librement et en pleine assemblée, les plaintes et remontrances qu'ils aviseront, afin de pourvoir sur icelles, ainsy que besoin y pourra requérir.

Nous avons bien voulu vous faire cette lettre par l'avis de la Reine régente, nostre très honorée dame et mère, par laquelle nous vous mandons et très expressement enjoignons que incontinent que vous l'aurez reçue, vous ayez à convoquer, faire assembler à son de trompe et cri public ou autrement, ainsy que vous aviserez dans le plus brief temps que faire se pourra tous ceux des états d'icelluy ressort qui ont accoustumé d'estre appelés en pareil cas pour conférer ensemble sur toutes les choses qu'ils verront estre à réformer et à corriger, afin de remettre la justice, la police et la discipline de nostre royaume en leur première et ancienne splendeur, pour maintenir et faire subsister l'Etat et la Maison Royale, rétablir le repos public et conserver un chacun dans son devoir sous nostre obéissance, et en ce faisant qu'ils aient à choisir un d'entre eux de chaque ordre pour se rendre audit jour quinzième du dit mois de mars en la dite ville d'Orléans, avec d'amples pouvoirs, instructions et mémoires, pour nous faire entendre de la part des Etats ce qui leur semblera bon et à propos pour les fins sus dites et pour tout ce qu'ils verront être du bien général de nostre royaume et du consentement d'un chacun : protestant devant Dieu avec la Reine régente, nostre dite dame et mère, que le seul but de nos armes dedans et au dehors de nostre Royaume est d'acquérir une longue et juste paix dans laquelle Dieu soit aussi religieusement honoré et servi qu'il est peu respecté dans ces troubles, et où un chacun jouisse de ses biens et de tout ce qui lui appartient avec une entière douceur et équité et avec toutes grâces qu'on peut attendre d'un Prince né et élevé dans la piété et la justice ; déclarant aussi avec la Reine, nostre dite dame et mère, que nous désirons pourvoir si favorablement sur les remontrances qui nous seront faites ès dits Etats, que le général et les particuliers en ressentent les fruits que l'on peut attendre d'une si célèbre assemblée.

Espérant que Dieu bénira nostre dessein et qu'il n'y a point d'ecclésiastique, de gentilhomme, d'officier et d'homme de bien dans nostre royaume qui n'essaye de nous seconder et de contribuer avec nous à l'effet de si bonnes intentions. Vous recommandant de les faire connoitre à tous nos sujets de vostre dit ressort et de nous rendre compte du soin que vous aurez pris de l'exécution de ce qui est en cela de nostre volonté. N'y faites donc faute. Car tel est nostre plaisir.

Donné à Saint-Germain-en-Laye le vingtième jour de janvier 1649. *Signé* : LOUIS.

Et plus bas : **GUÉNEGAUD.**

IV

Lettre missive du Commandeur Charles d'Estaing a Mgr Joachim d'Estaing, son frère, évêque de Clermont, 13 avril 1649.

Les d'Estaing comptent parmi les plus anciennes et les plus illustres familles du Rouergue, mais ils se rattachent également à l'Auvergne par leurs alliances, leurs possessions territoriales et les dignités dont ils ont été investis. Aussi se qualifiaient-ils vicomtes de Murols, de Cheylane et de Saillans, seigneurs de Lugarde, Marchastel et Cheylade en Basse et Haute-Auvergne en même temps que comtes d'Estaing, barons d'Altun, de Landorre et autres lieux en Rouergue.

Ils portaient : *de France au chef d'or, l'écu soutenu par deux anges* [1].

La génération à laquelle appartenaient le souscripteur et le destinataire de la lettre dont nous allons donner la copie textuelle, avait pour auteur Jean III d'Estaing, vicomte d'Estaing et de Cadars, baron d'Altun, de Murols et de Landorre, capitaine de cinquante hommes d'armes et ligueur forcené. Il avait épousé, le 5 août 1584, Gilberte de La Rochefoucauld, fille de François, vicomte de Ravel et d'Éléonore de Vienne, dont il eut :

1º Jean-Louis, marié le 3 mai 1617, à Louise d'Apchon,

2º François, qui devint comte d'Estaing, après la mort du précédent,

3º Joachim, abbé d'Issoire, puis évêque de Clermont, en 1614, mort le 11 septembre 1650,

4º Charles, chevalier de Malte, commandeur de Caubines, de Morlan et de Bordères, seigneur de Marchastel et de Cheylade, résidant habituellement au château de Cheylade en Haute-Auvergne,

5º Jacques, baron de Plauzat, marié le 21 juillet 1616 à Catherine du Bourg, dame de Saillans, en Haute-Auvergne, fille

---

1. De Barrau. *Doc. hist. sur le Rouergue.* T. I, pp. 508 et s.

de Louis du Bourg, baron de Saillans et de Jeanne de Lastic, dont le fils, Jean, marquis du Terrail et comte de Ravel par sa femme, Claude-Marie de Comboursier, acheta en 1652 d'Henri du Luguet la terre d'Aboul en Rouergue.[1],

6° Louis, chanoine et comte de Lyon, abbé de Bellaigue, aumônier de la reine Anne d'Autriche, évêque de Clermont en 1650, après son frère, mort le 15 mars 1664,

7° Louis, chevalier de Malte, commandeur de Tortebesse, en Basse-Auvergne. Il se retira en 1631 au château de Lugarde, en Haute-Auvergne, après avoir séjourné deux ans et demi à Malte et « avoir fait plusieurs courses et caravanes », en attendant la liquidation de la succession de sa mère et le paiement de la pension de 1500 livres que lui devait Jean-Louis d'Estaing, son frère aîné[2].

8° Catherine, femme de Georges de Villemur, comte de Pailhez, en 1609,

9° Et Marie, femme de Gaspard d'Alègre, comte de Beauvoir, en 1628.

TEXTE DE LA LETTRE[3] :

Monsieur mon frère,

J'ay cru faire voiage à ma commanderie comme je vous avois mandé avant mon partement de Cheylade, mais jay esté contremandé qu'il seroit a temps destre à Toulouse pour la fin de may au Chapitre ou l'on me veult bailler quelque employ pour la Religion et que je ne puis refuser ny m'en excuser. Une autre chose est que nos galleres de Malte ne seront à Marseille qu'au mois de juin ; il n'y a eu que des tartannes[4] ou il ne faict pas bon se hazarder ; pourquoi je suis demeuré à Aboul[5] ou javais quelques affaires pour liquider le bien de la maison et dans cette intervalle le Roy a convoqué les Estats à Villefranche pour y faire desputer ceux que l'on trouveroit les plus capables de la Noblesse et du Tiers-Estat pour se trouver aux Estats Généraux d'Orléans, au sujet de quoy messieurs de Rodez mont envoyé Monsieur Dufau advocat du Roy dudit lieu avecq lettre de Monsieur Daustry, premier président et autres des principaulx pour mobliger a me trouver aux dits Estats sasurant bien qu'il y avoit fortes brigues de part et d'autre à cause des présidiaux

---

1 et 2. Arch. du Cantal, E. 385.

3. Arch. du P.-de-D., *Evêché*, Liasse 25, cote 40.

4. Petits bâteaux en usage dans la Méditerranée, portant une voile triangulaire.

5. Aboul, canton de Bozouls (Aveyron).

dentre Rodez et Villefranche et que ma position pourroit rompre le cours de toutes ces brigues, comme vous verrez ci après.

Je vous diray que pour voir la contenance de ces messieurs de Rodez, je prins prétexte daller à ma commanderie et prins ma route audit Rodez ou estant M⁰ le Juge-Mage¹ mest venu prendre et conduire a sa maison ou jay esté fort bien receu et entretenu avecq autant de respect que lon peult désirer.

Messieurs les Présidens, Conseillers et tous les principaux officiers de la justice me sont venu trouver tous en corps avecq autant d'honneur et de submitions quune personne de nostre condition peult espérer et remontré les marques que nos aieux et devantiers avoient laissé dans leur ville et entre autre nostre défunte dame et mère² que Dieu absolve et quils se promettoient que je leur tesmoignerois les mesmes affections que nos dits aieulx et devantiers avoient tousjours eu pour leur communaulté.

En suite de quoy ils me prièrent de me vouloir trouver a lassemblée des Estats aud. Villefranche pour le service de Sa Majesté, le bien de son Estat et des gens et y servir de protecteur a leur communaulté, ce que je ne pus refuser me voyant prins avecq tant de civilité et de respect.

Ce fut le lendemain matin que je macheminay a Villefranche ou toutte la Noblesse du païs y estoit arrivée du moings les principaulx et meilleure part ou lon ne voyoit que or et argent, velours sur les abits et moy qui avois laissé mes beaux abits darrière, je ne pouvois faire montre que de ma croix qui se fit assez cognoistre sous le nom de Landorre³.

Je ne suis pas pluslôt arrivé que toute cette [Noblesse] me vint visiter avecq toutte sorte de civilités et submissions, le lendemain matin de mesme, et conduire au palais avec tous les honneurs deubs a notre maison, ou il ne se trouva personne quy ne fist ouverture au rang quy est deub à la barounye de Landorre.

Toutte la Noblesse estant arrivée au palais. entre autres Mᵗ lévesque de Vavre⁴, vostre bon amy auquel la place fut ceddée pour présider. moy après et ainsy chascun a son rang, ou estant Monsieur de Cornusson⁵ tira une lettre et dict ez plaine assemblée que le Roy vouloit

1. Juge-Mage : nom attribué au lieutenant du sénéchal.
2. Gilberte de La Rochefoucauld, fille de François, vicomte de Ravel et d'Eléonore de Vienne.
3. La baronnie de Landorre en Rouergue entra dans la maison d'Estaing par la substitution que fit Arnaud de Landorre au profit de Guillot d'Estaing, son beau-père, laquelle fut maintenue par arrêt du Parlement de Toulouse du 17 mai 1580.
4. Lisez : Vabres, ancien évêché supprimé après le décès du dernier évêque, Jean de La Croix de Castries, mort le 6 mai 1796, et réuni à celui de Rodez. En 1649, le titulaire était Isaac Habert, consacré le 17 décembre 1645 et décédé le 15 septembre 1668.
5. François de La Valette, baron de Cornusson, comte de Montal, marquis de La Valette, était sénéchal du Périgord, lorsqu'il leva un régiment d'infan-

que ceux qu'il nomma fussent desputés pour les Estats Généraux. A quoy le sʳ de Vavre répliqua fort pertinemment que puis que le Roy mandoit telle chose il ne falloit pas dassemblée, ce qui embarrassa fort ledict sʳ de Cornusson quy se reprint et dict que veritablement la lettre n'estoit pas de Sa Majesté, mais bien de Monsieur Despernon[1] qui prioit lassemblée dagréer les personnes quil nommoit.

Alors je reprins la parolle et dict tout hault que cestoit contre lordre et que puis que Sa Majesté avoit convocqué les Estats cestoit pour laisser à sa Noblesse la liberté et la voix pour desputer les plus capables d'entre eux sans corruption ny brigues, autrement il ne faloit pas dassemblée et que ce seroit priver la Noblesse de leurs privilèges et droicts a eux deubs de tout temps. Ma voix fut suivie de celle du sʳ de Vavre et de toutte lassemblée quy sans avoir esgard aux lettres de M. Despernon et comme représentant le nom de la maison, je feus desputé le premier et en après M. de Savensay ? et M. de Bournazel pour la Noblesse[2].

Ce faict Messieurs de Rodez me prièrent descrire à M. Despernon pour lui faire savoir et trouver bon ce qui sestoit passé dans ceste assemblée : ce que je fis. Je vous ferai voir touttes les lettres avec la response de M. Despernon.

Cette assemblée finie, pour le peu de temps que nous demeurasmes à Villefranche, ce ne fut que visites et renouvellement damitié aveccq toutte cette noblesse, quoy quil men couste je suis ravi de mestre rencontré dans cette occasion pour maintenir l'honneur de la maison.

L'honneur quy ma esté rendu en cette qualité moblige de vous dire que vous debvez contribuer et avoir un particulier soing que la baronnye de Landorre ne sorte pas de la maison[3] puisque cest par le moïen

---

terie de son nom (*Cornusson*), qu'il commandait le 1ᵉʳ septembre 1632 au combat de Castelnaudary, où Montmorency fut fait prisonnier. Il eut trois femmes : 1º le 25 novembre 1625, Helène d'Astarac de Marestang, morte sans enfants; le 29 octobre 1629, Françoise de Clary, qu'il fit enfermer dans l'abbaye de Prouille, en Périgord ; 3º le 12 août 1642, Antoinette de Scorailles, veuve de Jean-Claude de St-Martial, qui le quitta pour se retirer au château de Roumeygoux, dès qu'elle apprit que son mari n'était pas libre au moment de leur union. Le baron de Cornusson avait eu de son mariage avec Mˡˡᵉ de Clary, une fille, Gabrielle, mariée à René de La Garde de Saignes, et d'Antoinette de Scorailles, deux fils adultérins : 1º Jean, décédé prêtre à Paris, en 1698, et 2º Jean-Baptiste, mort sans alliance à Villefranche, après avoir substitué au titre de marquis de La Valette-Cornusson, Guyon de Barriac, son parent du côté maternel.

1. Bernard de Nogaret, duc d'Epernon, en 1642, à la mort de son père, fils de Jean-Louis et de Marguerite de Foix, comtesse de Candale, gouverneur de la Guyenne, décédé sans postérité le 28 janvier 1658.

2. François II du Buisson, marquis de Bournazel, fils de Jean II et de Jeanne de Beauclair, marié le 3 février 1643 à Magdeleine de Cassagne-Beaufort-Miramon. Il fut réélu député à la prorogation de 1651.

3. La baronnie de Landorre appartenait en 1649 à Louis d'Estaing, évêque de Clermont, pour l'avoir acquise en 1625 de Jean-Louis d'Estaing, son neveu;

de cette pièce que nous marchons le premier en rang à toutte la Noblesse du païs, que sy elle en est esbranchée, au lieu du premier rang, vous nestes plus que le cinquiesme et aurés M. de Fressinet [1], qui marchera devant vous ; pourquoy je vous prie dy adviser.

Vous avez Monsieur Darpajon, M. le comte de Quélu [2] et M. Daustry quy ont grande envye sur cette baronnye de Landorre, lesquels nespargneront or, argent ny artiffices pour l'emporter, que sy lun ou lautre la peuvent avoir, vous pouvez dire que nostre maison est foutue et ne m'en blasmez pas puis que je vous advertis de ce qui se passe et remonstre l'importance du faict dont est question.

Tous les habitants de la terre tesmoignent bien davoir une grandissime affection pour leur seigneur que sy il estoit en leur pouvoir, ils contriburoient de tout leur cœur pour esviter un changement d'un nouveau seigneur.

Je demeureray a Rodez ou Aboul en attendant de vos nouvelles et response de la présente. Lou mavoit voulu faire croire que la paix estoit faicte. Je vous prie me mander ce quy en est, cependant jentretiendray icy la Noblesse puis qu'ils me font lhonneur de maimer et que je reconnois que la brigade sera bonne pour tenir la campagne en cas de besoing. Vous le ferez savoir sy il vous plaist à M. de Saillans [3] et que pour ce qui est de moy que l'on ne se mette pas en paine ; en quelque lieu que je sois je trouveray le moïen de rouller avec honneur.

Je vous prie doster la mauvaise impression que lon vous a formé dans l'esprit quy vous cause de la deffiance de moy sans subject qui est la cause que je ne me suis pas voulu arrester auprès de vous ; mais quoiqu'il en soict et en quelque lieu que je puisse estre, je ne seray jamais esloigné de la reconnaissance de mes debvoirs.

Monsieur Destaing naura pas de subject de se plaindre que jaye mangé (sic) ses subjects, car ny moy ni mes gens nont pas approché de sa maison de plus près que de deux lieues et en ay esté assez près pour apprendre que Monsieur de Murol na obligé qui que ce soict Noblesse ny autres. Il ne sest volu estudier qu'a donner contentement qu'à Monsieur du Bois, M. Bouge et a ses trois lacquais. Il fera possible mieux a un autre voïage. Dieu lui en face la grâce !

---

il la revendit en 1655 à Gilbert de Langene, comte de Dallet, devenu son neveu par son mariage avec Gilberte d'Estaing.

1. Jean-Claude Isarn de Frayssinet, seigneur de Valady, fils d'Antoine et d'Anne de Pestel, dame de Valady, marié le 26 août 1633 à Jeanne de Corneillan, l'un des ancêtres du comte de Valady, propriétaire du château de Cropières, en Haute-Auvergne.

2. Jean VI de Tubières-Grimoard, comte de Caylus, fils de Jean V et d'Anne de Pestel, baronne de Salers et de Fontanges, marié le 12 novembre 1644 à Isabeau de Polignac, veuve de Gaspard d'Espinchal, décédé en 1692.

3. Jean d'Estaing, baron de Saillans en Haute-Auvergne, son neveu, fils de Jacques, décédé, et de Catherine du Bourg.

Le s¹ Bouge a esté si insolent de se trouver aux Estats contre moy, mais avecq peu de fruict et sen est retourné avecq une courte honte et neust été par considération de son maistre je l'aurois traicté comme il le mérite.

Et vous diray de plus que depuis que cette assemblée des Estats a été finie, jay eu lhonneur de voir M¹ le commandeur d'Arpajon qui se plainct du refus que M¹ de Murol luy fit d'un prisonnier que le s¹ commandeur lui demanda avecq toute sorte de civilitez et justice et quoy que led. s¹ de Murol mait desobligé, je ne laissay pas que de lexcuser vers ledit s¹ commandeur et luy priay de renouer le mariage avec Madame sa nièce.

je finiray cet ennuyeux discours en vous priant de rechef me faire savoir de vos nouvelles et priant Dieu pour vostre santé après vous avoir assuré que je seray tousjours,

    Monsieur mon frère,
        Vostre très humble et très obéissant frère et serviteur.
            Le commandeur DESTAING.

A Aboul ce 13ᵉ avril 1649.

    Sur le repli :   A Monsieur
                Monsieur de Clermont
                  mon frère
                                à Mozun.

V

Notice généalogique sur la famille de Lort de Saint-Étienne [1]

La famille de Lort, dont le nom est ordinairement écrit *Delort*, bien qu'il vienne du latin *de Orto*, est originaire de la ville de Salers, en Haute-Auvergne, où elle occupait dès le xvie siècle un rang honorable dans la bourgeoisie. On y voyait encore, en 1672, la maison patrimoniale qu'habitait un cadet, Antoine de Lort, procureur au bailliage, consul en 1645, 1670 et 1679. Elle se composait, d'après un hommage au Roi du 3 février 1672 [2], d'une cuisine, de deux petites chambres à plein pied, avec grenier et cour et confinait d'une part à la porte de *la Martille* [3] et aux Récollets, et d'autre part aux maisons de François Gros, de Me Philippe Célarier, notaire et procureur, et de François Jammy, consul en 1687, — rue entre deux.

La filiation de la famille de Lort ne se constitue d'une façon régulière qu'à partir du xvie siècle; c'est-à-dire depuis Pierre de Lort, père de Jean de Lort, lieutenant général au bailliage d'Aurillac; mais nous trouvons avant lui une foule d'ascendants isolés avec lesquels le manque de documents ne nous permet pas d'établir un lien généalogique certain. Voici les principaux :

Pierre de Lort, consul en 1530 et 1546.

Guillaume de Lort consul en 1545. C'est ce même Guillaume *de Orto*, notaire à Salers, qui, de concert avec son confrère Tautal, dressa acte de la délibération des consuls et habitants, du 8 septembre 1553 [4], acceptant les conditions imposées par

---

1. Bibl. nat. CHÉRIN, vol. 124, dossier 2585. C'est à ce dossier que nous avons emprunté les principaux éléments de cette généalogie, pour laquelle nous conserverons l'orthographe de Chérin : *de Lort*.

2. Arch. nat. Série P. Reg. 500. CXXXIII.

3. DE RIBIER DU CHATELET. *Dict. stat. et hist. du Cantal*, V, p. 202. — Il existait à Salers deux portes principales dites *de la Martille* et *de l'Anne*, sans compter la poterne *de Barouze*.

4. *Id.*, V, p. 217.

le président Lizet à la fondation de *l'hospitalité* qu'il avait faite en faveur de Salers plus de vingt ans auparavant (12 avril 1532). Il reçut également à la date du 20 octobre 1554 la résignation de Bérengon Chalvet à l'archiprêtré de Mauriac en faveur de Jehan Borderyes [1].

Pierre de Orto, conseiller du Roi, cité par le président Bonnefons comme témoin au procès verbal d'installation du Présidial d'Aurillac les 29 et 30 septembre 1552 [2].

I

Pierre de Lort, fils présumé de Guillaume, notaire, épousa, suivant contrat passé le 6 août 1591, devant Jean du Puy, notaire à Salers, Francoise Broquin, sa compatriote, dont la famille, originaire de Trizac, s'était implantée dans cette ville et n'avait pas tardé à y acquérir une grande influence. Cette alliance fut le commencement de sa fortune. Un des parents de sa femme — peut être son frère — Jacques Broquin, avait obtenu, en 1601, la succession de son père Jean, comme Élu particulier à Mauriac. Pierre de Lort le remplaça quelque temps après et se démit le 28 février 1611, en faveur de Jacques de Chazettes [3], probablement pour remplir les fonctions de procureur du Roi dans sa ville natale, qu'il cumulait à cette date avec celles de consul.

Jean de Lort, consul en 1586, paraît être le frère puîné de Pierre ; il resta à Salers et y continua la branche cadette, avec

---

1. Arch. du P.-de-D. *Ins. ecclés.* Reg. 11, p. 6.
2. *Discours prononcé le 4 novembre 1873 à l'audience d'inauguration du tribunal d'Aurillac.* Paris, Librairie des Bibliophiles, 1874, p. 25.
Il fut procédé à l'installation du Présidial par Jacques Cornillier, lieutenant général en la sénéchaussée de Bourbonnais, suivant commission royale, en présence de tous les officiers de justice du siège, de Geraud de Saint-Mamet, lieutenant général, Pierre Passefons, lieutenant particulier, Antoine Trémolet, Guillaume Cambefort, Jean Laurens, Michel Gazard, ledit Pierre de Orto, conseiller du Roi, Pierre de Clavièrs, garde des sceaux, Hugues du Sérieys, conseiller enquesteur, Vigier, greffier, Hugues Aldebert avocat du Roi, Jehan Parisot, procureur du Roi, et enfin Antoine de Fortet, le même qui, dix-huit ans plus tard, après la prise de la ville par les Huguenots, dé nit subir, le 29 juin 1570, la question ordinaire et extraordinaire et avoir la tête tranchée par la main du bourreau.
3. *Inventaire de la Cour des Aides de Clermont-Ferrand. Auv. hist.*, pp. 5 et 9.

Jacques son fils, consul en 1631 et Antoine son petit-fils, dont nous avons relaté l'hommage au Roi en 1672.

On ne connaît à Pierre d'autres descendants que Jean, qui forme le degré suivant.

II

Jean de Lort entra dans la même famille que son père, par son mariage avec Claude Broquin, qui devait être sa cousine. Il devint ainsi l'allié de la noble famille de Veyre. — Hector de Veyre, seigneur du Claux, avait en effet épousé Françoise Broquin, le 5 octobre 1628. — Il exerçait la profession d'avocat plaidant en la sénéchaussée de Riom, lorsqu'il acheta des héritiers de Gabriel Broquin[1] la charge de lieutenant général au baillage et siège présidial d'Aurillac[2]. La Régente, Anne d'Autriche, le nomma, le 1er août 1648, conseiller du Roi, en ses Conseils d'État et privé et c'est en qualité de lieutenant général qu'il tint, comme nous l'avons vu aux chapitres précédents, les 19 et 27 février 1649, les États de la Haute-Auvergne convoqués à Aurillac.

Ayant été quelque temps après député à Paris à l'occasion d'un différend entre les officiers du Présidial et ceux de la Vicomté de Carlat, il y contracta une grave maladie aux suites de laquelle il ne tarda pas à succomber. Il mourut à Aurillac le 22 novembre 1661, après avoir fait le 14 ses dernières dispositions devant Me Papy, notaire.

1 La famille Broquin, d'Aurillac, s'éteignit dans la personne de Charles Broquin, sieur de Gagnac, fils dudit Gabriel, consul et président de l'Élection en 1675, dont la fille, Gabrielle, épousa, en 1690, Louis de Saint-Martial, baron de Conros. Elle portait : « de gueules, à 3 broc d'or, posés 2, et 1. »

2. Les lieutenants généraux étaient des magistrats de robe courte institués par ordonnance royale de 1453, dans chaque bailliage ou sénéchaussée, pour suppléer au bailli ou sénéchal. Ils furent d'abord élus par le sénéchal, puis leur charge devint un office vénal. Ils étaient exempts des charges publiques.

Voici la liste, très incomplète, des lieutenants généraux du présidial d'Aurillac que nous avons ébauchée, sous toutes réserves : Guillaume du Trieu, 1459, — Georges de Saint-Mamet, 1510, — Geraud de Saint-Mamet, 1554, — Geraud de Chaumeil, 1559, — Guy de Chaumeil, 1581, — Jean Broquin, 1625, — Gabriel Broquin, son fils, 1637, — Jean de Lort, 1648, — Amable de Lort, 1662, — Isaac de Lort, 1708, — J.-B. Verdier du Puicastel, 1750, — Geraud-Gabriel Verdier du Barrat, 1768, — Guillaume Lacarrière de Latour, 1780.

Il légua par son testament, à titre de douaire, à Claude Broquin, son épouse, une rente viagère de 500 livres à prendre sur le domaine de Brozelles, dans la paroisse de Saint-Martin-Valmeroux, et la chargea du soin de ses funérailles. Il institua pour son héritier universel Amable de Lort, son fils aîné et fit à ses autres enfants des legs particuliers.

Claude Broquin, sa veuve, ne lui survécut que quelques mois ; elle décéda à Aurillac le 10 juillet 1663.

De leur mariage étaient nés dix enfants :

1º Amable qui suit,

2º Isaac, que son père destinait à l'église et auquel il légua dans ce but une somme de 4000 livres, au cas où il ne serait pas pourvu des prieurés de Lusilhac ou d'Usson,

3º Henri,

4º Pierre,

5º François, docteur en théologie, aumônier du cardinal de Noailles, nommé abbé de Valette en 1710[1].

6º Mathieu, profès de l'Observance de Saint-François.

7º Jacques, profès de la Compagnie de Jésus.

8º Gabrielle, mariée au sr Pagès de Vixouzes, conseiller au Présidial,

9º et 10º Jeanne et Geneviève.

Henri, Pierre, François, Geneviève et Jeanne reçurent comme Isaac un legs de 4000 livres ; les trois autres cadets ayant été dotés antérieurement, n'eurent rien à prétendre dans la succession de leur père.

III

Amable de Lort, seigneur de Brozelles et de St-Étienne, fut pourvu le 4 juin 1662 par la Reine-Mère de l'office de conseiller du Roi, lieutenant-général au baillage du Haut-Auvergne et siège présidial d'Aurillac, vacant par la mort de son père.

Il fut chargé par la Cour des Grands-Jours, en exécution de l'arrêt du 30 octobre 1665, de dresser dans le ressort du bail-

---

1. *Gallia Christiana*, II, p. 683.

lage d'Aurillac, après visite, l'état des monastères, abbayes, cures, chapelles et autres bénéfices et de transmettre d'urgence ce procès-verbal au Procureur général [1].

Il épousa par contrat du 6 novembre 1672 Suzanne de Giou, fille de Jacques, baron de Giou, seigneur de Saint-Étienne-de-Carlat, gentilhomme ordinaire de la Chambre du Roi et de dame Marie de Murat. C'est à la suite de cette alliance qu'il ajouta au titre de seigneur de Brozelles celui de seigneur de Saint-Étienne que ses descendants incorporèrent à leur nom patronymique. Il était aussi maire perpétuel de la ville d'Aurillac, ainsi qu'il appert du testament que sa femme fit pendant sa viduité, le 26 mai 1710, devant Roussy et de Lort, notaires à Aurillac, en l'hôtel de M're Isaac de Lort, seigneur de Brozelles et Saint-Étienne, qu'elle institua son héritier universel.

Il mourut à Aurillac, le 11 mai 1705, laissant trois enfants : Isaac, François-Amable et Anne.

IV

1. **Isaac de Lort**, seigneur de Brozelles et de St-Étienne, né à Aurillac, le 1er août 1674 [2], devint maire perpétuel d'Aurillac, conseiller du Roi, lieutenant général et commissaire examinateur au baillage et siège présidial d'Aurillac, le 20 avril 1708.

Par son testament du 4 février 1747, Joseh de Cambolas, seigneur de Vernols, près Aurillac, prieur d'Asprières, demeurant à Aurillac, dans la maison appelée *de Carrière*, lui légua, par indivis avec son frère François-Amable, la jouis-

---

1. Dongois. *Reg. des Grands Jours de 1665*, publiés par *l'Auvergne historique* (10e année), pp. 89 et 90.

2. Camille Rivain, dans son *Histoire du Consulat d'Aurillac*, p. 180, dit qu'Isaac de Lort, après avoir été créé maire perpétuel par l'édit de 1704, redevint simple lieutenant général en 1717 et fut réintégré dans la fonction de maire par édit de 1722. C'est seulement le 13 avril 1724 que ledit Isaac de Lort obtient les provisions de l'office de maire ancien et mi-triennal de la ville d'Aurillac, créé par l'édit de 1722. Le 16 mars 1724, il versa la somme de 4950 livres pour la finance dudit office, aux gages annuels de 90 livres (Arch. du P.-de-D. C. 4818.)

sance du château de Vernols, avec les meubles qui le garnissaient [1].

Il obtint le 30 avril 1712 des consuls d'Aurillac un certificat portant que « depuis trois générations sa famille s'y était établie, qu'elle y avait tenu le premier rang et vécu noblement ». Le Roi lui conféra en outre, le 20 juin 1750, des lettres d'honneur de sa charge, après l'avoir exercée depuis le 20 avril 1708.

Il ne paraît pas avoir laissé d'enfants ; son frère François-Amable lui succéda.

11. **François-Amable de Lort**, seigneur de Brozelles et de Saint-Etienne après le décès de son frère, était né à Aurillac, le 23 octobre 1677.

D'abord volontaire sur les galères du Roi, il obtint le 28 janvier 1698, à la suite de sa brillante conduite au siège de Barcelonne, une commission de garde de la compagnie servant près l'étendard des galères, puis celle d'enseigne en 1700 et enfin de lieutenant, avec la croix de Saint-Louis.

Il épousa, le 3 avril 1707, à Thonon, en Savoie, demoiselle Peronne-Louise-Marie de Loisinge, et se retira après la mort de sa femme à Aurillac, chez son frère Isaac, où il mourut âgé d'environ 80 ans, le 16 août 1756 ; il fut inhumé le lendemain en l'église Notre-Dame.

Il avait été maintenu dans les privilèges dont jouissaient les anciens nobles de Savoie par arrêt de la Chambre des Comptes de Turin du 15 avril 1723.

Son fils fut :

V

Pierre-Amable de Lort, né à Thonon, le 27 février 1710, capitaine de cavalerie au régiment de Noailles. Il administra les affaires de la famille en Savoie, après le départ de son père pour Aurillac, en vertu de la procuration que ce dernier lui adressa le 16 janvier 1744.

Il était marié depuis quelques années avec demoiselle Gasparde de Brotty d'Antioche, fille de noble Jacques, seigneur

---

1. Arch. du Cantal. E. 180.

de Neufvesset et de Bellegarde, quand son beau-frère, Joseph-François de Brotty, conseiller de la ville de Thonon, lui fit une constitution dotale le 14 janvier 1751.

Dans son testament olographe, daté du 22 août 1877, il se qualifie chevalier de Saint-Louis, seigneur de La Fléchère, en Savoie et de Saint-Etienne en Auvergne, Il mourut à Aurillac, à l'âge de 67 ans, le 13 septembre 1777. et fut inhumé le surlendemain dans l'église Notre-Dame.

Il laissa quatre enfants :

1º Louis-Isaac qui suit,

2º Antoine,

3º Amable-Louis-Laurent, né à Thonon, le 5 novembre 1744, capitaine de carabiniers.

Et 4º Louise, qui épousa noble Balthazar de Ruffy.

VI

Louis-Isaac de Lort de Saint-Etienne naquit à Thonon le 21 juillet 1740. Il fut nommé lieutenant de la compagnie de Fraguier au régiment de Noailles-cavalerie par commission du 19 novembre 1756 et obtint le 18 juillet 1778 un arrêt de la Chambre des Comptes de Turin, confirmatif de celui rendu le 15 avril 1723, qui le maintenait dans les privilèges attribués aux anciens nobles du duché de Savoie.

Il s'était marié à Aurillac le 22 août 1776 avec demoiselle Gabrielle Sericys, fille de défunts Jean-Joseph, licencié ès-lois et Anne Lescure; belle-sœur de M. de Sistrière, lieutenant général au bailliage de Vic.

Les officiers du bailliage d'Aurillac lui donnèrent le 10 juillet 1770 un certificat portant que « Jean de Lort, lieutenant géné-
» ral aud. siège, à qui le Roi accorda le 1ᵉʳ août 1648 des
» lettres de Conseiller d'État, était père d'Amable de Lort,
» pourvu de la même charge, laquelle passa ensuite à Isaac
» de Lort, son petit-fils ; ils attestent en outre que les sus-
» nommés ont rempli leur charge avec distinction, etc... »
Signé: Verdier, *lieutenant général;* Colinet de Niossel, *lieutenant général criminel;* Larribe, *lieutenant assesseur;* de Vixouze, *lieutenant particulier;* de Ranjouze de la Bastide, *chevalier*

d'honneur ; Esquirou de Parieu, Chapelle de Clavières, de Fortet, Carrière, Cabrespine, Delzons de Couderc, Lacarrière de Latour, *conseillers ;* Devèze, *procureur du Roi ;* de Leigonie du Brueil et Seriès.

Louis-Isaac de Lort mourut à Aurillac en fructidor an XII ; il avait perdu sa femme le 22 nivôse an VIII (12 janvier 1801).

N'ayant pas d'enfant, les deux époux avaient appelé auprès d'eux leur nièce, Josette-Françoise de Ruffy, qu'ils marièrent à M. Claude Boutarel, payeur du département du Cantal, décédé à Aurillac le 22 août 1828.

BLASON DE LA FAMILLE DE LORT

D'azur à une fasce d'or accompagnée de trois roses d'or tigées et feuillées de même, posées 2 en chef et 1 en pointe.

(Extrait de la *Revue de la Haute-Auvergne*).

AURILLAC. — IMPRIMERIE E. BANCHAREL

192

www.ingramcontent.com/pod-product-compliance
Lightning Source LLC
LaVergne TN
LVHW021717080426
835510LV00010B/1009